LES

DOCKS.

Travail extrait du Journal l'*Elu du Peuple* de Dijon,
et suivi de quelques Observations sur la
question d'emplacement relative
au Dock Dijonnais.

DIJON. — 1854.

LES

DOCKS,

PAR

L. MINOT.

Travail extrait du Journal l'*Elu du Peuple* de Dijon,
et suivi de quelques Observations sur la
question d'emplacement relative
au Dock Dijonnais.

DIJON. — 1854.

AVERTISSEMENT.

La question de l'établissement d'un dock à Dijon, a été agitée et débattue dans les journaux de la localité, ainsi que dans différentes brochures publiées par des personnes qui présentaient un emplacement ou qui s'intéressaient simplement à l'avenir de Dijon et du commerce en général.

Le directeur de L'ELU DU PEUPLE a fait paraître dans cette feuille une série d'articles sur le caractère de l'institution des docks. Ce travail a reçu la grande publicité que possède le journal dans lequel on a pu le lire. Il n'a pas paru inutile cependant de réunir les articles dont il s'agit et de les publier de nouveau sous forme de brochure pour être communiqués à quelques-unes des personnes sur le concours desquelles on voudrait spécialement pouvoir compter dans la circonstance.

La position faite à la ville de Dijon, par

ses moyens de communication et ses rapports de distance avec les différentes parties de la France et de l'Europe, est telle que, dans peu d'années, il serait possible d'élever Dijon au rang des cités commerciales très importantes. Une chose doit exister pour déterminer la réalisation de cet heureux avenir : il faut qu'un dock soit créé au sein de la localité. Prouver réellement que nulle autre ville que Dijon ne se trouve dans d'aussi bonnes conditions pour recevoir l'établissement d'un dock était nécessaire : on l'a fait. On a cherché à ouvrir l'œil du capitaliste sur la riche mine qu'il lui était possible d'exploiter. Il importe que la connaissance de la situation avantageuse de la ville de Dijon soit répandue de la manière la plus complète. La présente publication a pour but de concourir à ce résultat.

L'auteur des articles qu'on reproduit ici a intercalé, dans son travail, quelques petites considérations nouvelles qu'il a cru nécessaire d'exprimer. On trouvera, en terminant, des observations particulières sur la question d'emplacement, qui avaient été communiquées à L'ELU DU PEUPLE, *et que ce journal a jugé convenable d'accueillir.*

LES

DOCKS.

I.

CARACTÈRES DE L'INSTITUTION.

La richesse d'un pays gît dans sa production. Toute nation qui, sous le rapport agricole et industriel, produit beaucoup, se trouve dans des conditions de prospérité matérielle. Il est clair, en effet, que si l'activité humaine n'obtient du sol d'un pays et de la grande machine de l'industrie que des produits insuffisants pour satisfaire complètement les besoins de tous, les besoins d'une partie quelconque de la population ne pourront l'être qu'imparfaitement.

Quelques utopistes auraient voulu porter remède à cet état encore général mais toujours décroissant de nos sociétés modernes, par l'ap-

plication universelle d'un système d'association.
Ils avaient un ennemi à combattre : c'était la
pauvreté. Au lieu de chercher à le détruire, ils
se réfugiaient dans son sein; ils s'accommodaient
de cette pauvreté en instituant l'économie aux
dépens de la liberté et même de la morale humaines, comme si la terre sur laquelle ils vi-
vaient, placée fatalement dans la position d'une
mère privée de lait, ne contenait pas en elle
toutes les riches sources d'une heureuse existence publique.

Ils rabaissaient, en somme, le niveau social,
tandis que les justes tendances des esprits économiques et véritablement humanitaires devaient
être de l'élever. C'est un désir bien peu éclairé
que celui dont la réalisation serait, à peu de
chose près, la pauvreté pour tous plutôt que la
diversité de positions. La gradation des régions
sociales, en nous montrant l'échelon jusqu'où
chacun doit souhaiter de gravir, nous excite
continuellement à mettre en œuvre les ressources
de notre intelligence et de notre activité pour
atteindre pacifiquement le but suprême, sans
faire ressentir à nos cœurs de douloureuses im-
pressions toujours funestes à la marche du progrès et à l'harmonie propice des intérêts.

L'association générale, pour satisfaire un
sentiment d'égalité aveugle et impatient, convie
tout le monde à la pauvreté. Les sages principes
économiques, sous l'empire desquels la vie commerciale et industrielle se développe en France
particulièrement, appellent, au contraire, cha-

cun à une richesse justement mesurée. Ces principes tendent à équilibrer les positions sociales
comme l'association ; seulement, ils diffèrent du
système mis en parallèle par le degré où ils établissent leur niveau. L'association assigne, d'un
coup, au fleuve social sur toute la ligne une
hauteur des plus modestes, et qui enlève sa
puissance au courant. Le système opposé, les
théories classiques, cherchent, avant tout, à grossir la source, à en tripler l'importance. Le nivel-
lement s'établit alors à un degré élevé et s'o-
père progressivement, sans choc révolutionnaire
comme sans affaiblissement dans les forces vitales
sous le rapport matériel, puisque la richesse
nouvellement acquise vient de la partie du vaste
domaine de Dieu, restée encore improductive
pour l'homme.

Il existe deux moyens principaux de grossir
la source de la richesse publique. Le premier
consiste à développer la production par le concours, les efforts de l'intelligence humaine qui
invente les machines et découvre les secrets de
la nature. Le second réside dans l'augmentation
de la production par l'établissement de lois,
d'institutions propres à favoriser la facilité des
transactions commerciales.

Notre gouvernement appréciant les avantages
immenses qui doivent résulter pour un pays de
la facilité des rapports commerciaux, et recon-
naissant l'action bienfaisante que peuvent exercer les docks dans ce sens, a rendu hardiment
un décret par lequel la création de cette institu-

tion qui doit modifier si sensiblement le mécanisme actuel du commerce, est autorisée en France. Ce décret signé à Roanne, le 17 septembre 1852, par Louis-Napoléon, fut accueilli avec enthousiasme par tous les partisans sincères du progrès, par les amis des améliorations sensées et possibles. Il a déjà reçu un commencement d'exécution à Paris. Des docks sont établis sur la place de l'Europe, et fonctionnent très utilement. Des établissements de ce genre vont être fondés dans nos principaux ports maritimes, et un dock central sera probablement créé, dans quelque temps, en France, où il devra nous assurer le transit des marchandises échangées entre les deux mondes, ainsi que celui des nations industrielles qui nous entourent, auxquelles nous offrons, sous le rapport des communications, le plus merveilleux centre de rayonnement dont le commerce puisse jouir.

La ville de Dijon semble devoir, par sa position géographique et ses moyens de communication, être appelée à jouer un rôle des plus grands dans le mouvement international du commerce. Elle se trouve placée dans d'admirables conditions pour l'établissement d'un dock important. La plus forte partie de ses habitants ne se doute pas encore de la valeur de sa position, et il a fallu que le fait nous fût parfaitement démontré pour que nous-même, tout dijonnais que nous sommes, nous y ajoutassions foi. A l'heure qu'il est, quatre demandes en concession de docks sont déposées à l'hôtel-de-Ville. Elles font l'objet

d'un examen attentif ; des plans ont été déjà
dressés , et bientôt le projet proposé aura pris
sans doute un caractère très sérieux , quant à la
considération dont il jouira de la part des administrations.

Nous exposerons plus loin les considérations
sous l'influence desquelles Dijon est justement
présenté comme réunissant toutes les conditions
nécessaires à l'utile institution d'un dock central.
Pour commencer , nous nous attacherons seulement à donner une idée de ce genre d'établissement et à faire connaître son but particulier.

Le dock est un vaste et public magasin d'entrepôt. Le producteur y place sa marchandise,
soit à simple titre de dépôt d'emmagasinage, soit
comme garantie d'une avance de fonds, faite sur
la valeur même de la marchandise, par suite
de la délivrance d'une pièce escomptable auprès
des institutions de crédit, publiques ou privées,
et dans une autre application, pouvant constituer entre les mains du créancier, du fournis-
seur, par exemple, le gage d'un paiement futur,
en un mot remplir, sans secours étranger, la
fonction de l'argent dans de certaines limites.

Si le dépôt a simplement le caractère d'un bénéfice d'emmagasinage, le propriétaire y trouve
cet avantage que, dans les années d'abondance,
il n'est pas obligé de se défaire à vil prix, faute
de magasins, de sa récolte dernière pour donner
place à la nouvelle. Tout le monde sait que dans
nos pays viticoles le vigneron se décide quelquefois à alimenter le ruisseau de la voie publique

avec son vin pour pouvoir posséder une futaille
disponible et placer ses nouveaux produits dans
sa cave encombrée. Les magasins des docks ap-
propriés à recevoir convenablement les marchandises de toute nature, seront un heureux
remède apporté à cette situation ruineuse.

Si le dépôt a été opéré à l'effet d'obtenir une
avance, il est remis à l'emprunteur un *warant*
ou récépissé transmissible tout bonnement par
voie d'endossement. Ce *warant* représente une
grande partie de la valeur des marchandises déposées. Il doit être considéré à deux points de
vue : 1° comme pouvant fournir le nantissement
d'une avance d'argent ; 2° comme pouvant mobiliser la marchandise, lui permettre de circuler
de main en main, et constituer le cessionnaire
en propriété sans qu'il ait besoin de se transpor-
ter au magasin pour vérifier les poids, qualité
de la marchandise, et en opérer le transfert a
son nom sur les registres du dock. Le *warant*
jouit des mêmes facilités de circulation que le
billet à ordre, et, de plus, il conserve toute la
valeur que donne le gage sur lequel il repose. Il
faut encore ajouter à ces avantages celui qu'as-
sure le décret du 26 mars 1848 ; cet acte gou-
vernemental autorise la banque de France a
admettre le *warant* en remplacement de la troisième signature exigée par ses statuts sur le pa-
pier qui lui est présenté à l'escompte.

Cette toute simple exposition du système des
docks produit sur l'esprit comme l'effet d'un ri-
deau qui s'ouvre pour laisser voir un vaste pano-

rama. D'un seul coup, la pensée embrasse l'é-
norme ensemble des conséquences heureuses que
doit déterminer l'innovation commerciale dont
il s'agit.

L'un de ses grands bienfaits sera d'établir un
certain équilibre dans les prix des marchandises
relativement à la suite des années, quel que soit
le caractère qu'ait présenté la production agricole pendant l'une ou l'autre de ces années. Nous
supposons, pour une époque quelconque, abondance dans la récolte. L'année suivante s'an-
nonce à son tour comme devant donner de riches produits au cultivateur. Le propriétaire,
en pareille conjoncture, ne procédera pas de la
même façon qu'aujourd'hui à l'égard du placement de sa marchandise.

Actuellement, si le cultivateur, l'éleveur de
vers à soie, etc., se trouve entre deux années
d'abondance, il se hâte de se débarrasser de ses
produits, forcé qu'il est de vider ses greniers pour
recueillir la récolte prochaine. Les prix s'avilis-
sent ; *la marchandise se perd réellement parlant :*
elle n'est pas recherchée ; elle fait la nourriture
d'animaux domestiques qui la mange sans profit,
soit pour [leur engraissement, soit relativement
aux services qu'ils doivent rendre. Vienne après
cette époque fortunée une ou deux récoltes mal-
heureuses, et les prix s'élèvent tout à coup d'une
manière démesurée : la marchandise n'est em-
ployée qu'avec parcimonie ; chacun s'impose des
privations, et cependant il y a deux ans à peine
les biens de la nature étaient pour ainsi dire
foulés dédaigneusement aux pieds.

Lorsque des docks seront créés, le propriétaire embarrassé de ses produits ira frapper à la porte de ces établissements. Les docks deviendront d'immenses entrepôts, des sortes de greniers d'abondance, et le jour où la nature productive n'aura pas répondu aux besoins du moment, ces grands entrepôts s'ouvriront pour laisser couler de bienfaisantes sources d'existence matérielle. Les produits s'offrant à la vente dans les années diverses en quantités beaucoup moins disproportionnées que dans les conditions encore présentes, il s'ensuivra naturellement un certain équilibre des prix, équilibre des plus heureux pour la classe ordinaire, qui ne peut souvent aborder, en temps de pauvreté, la valeur marchande de quelques produits utiles.

Nous avons dit que les principes économiques qui ont inspiré la pensée de l'établissement des docks, sont un moyen de répartir équitablement la richesse publique. Il n'est pas difficile de se rendre compte de cette vérité. Privé de docks, c'est-à-dire de la faculté de mobiliser la marchandise et de se procurer des fonds correspondant à sa valeur, le fabricant dont la fortune n'est pas très importante ou qui se trouve momentanément dans une position de gène, est obligé quelquefois de suspendre la marche de son établissement, si par une circonstance quelconque il n'a pu placer ses produits dans les délais ordinaires. Par ce seul fait, la production, généralement parlant, a diminué; mais comme, en définitive, les besoins de l'humanité vont toujours en croissant, les commandes ne diminuent pas d'importance en raison du chômage de telle ou telle usine. Elles peuvent éprouver des retards; elles changent de direction, mais elles ne cessent jamais. Les produits qui ne se fabriquent plus dans l'usine inactive sont donc naturellement créés en partie du moins par d'autres industriels plus favorisés du sort, qui voient ainsi leur fortune prendre des proportions gigantesques, tandis que leurs confrères se ruinent. — Le *warant*, dans le système des docks, est une puissance qui lutte contre le hasard : il a pour merveilleux effet de laisser l'argent un peu dans toutes les mains, et par conséquent de poser dans le monde commercial de justes limites au succès comme à la malchance.

Les fortunes considérables sont nécessaires pour instituer do grandes choses dans l'ordre matériel; cela est vrai. Il ne serait cependant pas à désirer qu'elles existassent en fort nombre; car elles pourraient acquérir une puissance que les nations en masse, que les gouvernements seuls doivent posséder. L'association ne doit pas être rejetée absolument. Il faut qu'elle paraisse là où les intérêts généraux en font sentir le besoin ; elle est nécessaire notamment dès que la volonté d'un seul pourrait paralyser la volonté et annuler les droits de tous. Les gouvernements, les municipalités sont l'expression d'associations politiques formées par des peuples, des populations. Les théâtres, les musées sont l'œuvre d'une association justement entendue. Ici la fortune de chacun serait insuffisante ; tous les habitants d'une même ville s'associent dans la personne de leurs magistrats pour subvenir aux dépenses. Ces établissements sont la propriété publique ; il serait dangereux qu'ils fussent des propriétés personnelles, car institués forcément et moralement pour tout le monde, tout le monde se trouverait dans le cas de subir la volonté d'un seul individu.

Il n'est pas désirable non plus que les docks soient fondés sous la puissance d'une fortune personnelle. Ils portent un peu le caractère d'établissements publics, et à ce titre principalement il est convenable que l'associationn intervienne. L'exploitation des docks se trouve donc justement réservée à des compagnies.

Nous n'avons pas cru inutile d'exprimer les considérations qui précèdent pour démontrer que la fortune publique concentrée dans quelques mains ou répartie largement peut être, grâce à l'emploi d'un sage système d'association, un instrument également puissant.

Les Anglais sont nos maîtres sous le rapport de l'industrie et du commerce. *Le temps* est considéré par nos voisins comme ce qui existe de plus précieux au monde. Ils veulent que la production soit en rapport avec la vie comptée moment par moment. Chaque fois qu'on respire, il faut, d'après leur système, que des produits naissent comme pour payer le moment d'existence qui s'écoule. L'économie dans le temps est en effet une énorme ressource pour l'homme. Nous pouvons nous en convaincre en jetant un coup-d'œil sur la scène de l'industrie et du commerce.

Il ne peut pas toujours se rencontrer des occasions providentielles qui permettent au fabricant de se débarrasser immédiatement des produits confectionnés pendant la quinzaine, le mois ou plus dans son établissement. En attendant le placement de sa marchandise, l'activité intérieure de l'établissement est descendue de quelques degrés. Les produits deviennent moins importants, par conséquent *plus coûteux*, et ne peuvent s'adresser qu'aux consommateurs aisés, — nous entendons une aisance relative.

Supposons maintenant des docks établis. Le fabricant dirigera de suite ses marchandises sur l'un de ces établissements. En possession d'un *tour ant* qui représente des valeurs, le fabricant maintiendra sa production sur son plus fort pied, l'augmentera même sans qu'aucune interruption dommageable ait eu lieu. Les produits se multipliant seront naturellement *moins coûteux*; le cercle de la consommation s'élargira aussitôt, l'ouvrier sera plus continuellement occupé, et c'est ainsi qu'on aura, par l'institution des docks, placé la société entière dans de nouvelles conditions de bien-être et de prospérité.

Toutes les fois que l'abondance d'un produit permet à de noùveaux élus d'entrer dans le giron de la consommation qui s'y rapporte, la valeur nominale de ce produit augmente, c'est-à-dire qu'on le paie quelques centimes ou quelques francs de plus, suivant son importance ;

mais l'augmentation dont il s'agit n'est qu'apparente et repose uniquement sur la valeur conventionnelle des pièces de monnaie qui décroît en raison directe de la multiplicité de ces pièces. L'argent est le thermomètre de la consommation. Plus le nombre des consommateurs, à l'égard de tout produit, se grossit, plus la quantité d'argent introduite dans la circulation devient considérable. Il nous semble avoir lu quelque part que, dans un siècle déjà bien éloigné du nôtre, le poulet valait 3 sols en France. Aujourd'hui, il se paierait plutôt 3 francs que 3 sols. Cependant l'ouvrier était certes moins en état d'en manger à cette époque que de nos jours. L'augmentation du prix d'une chose relativement à l'argent, est donc un signe de prospérité publique et non le symptôme d'une gêne. On aurait beau apporter dans notre pays tous les trésors de la Californie, que nous n'en serions pas plus riche pour cela. L'argent facilite seulement les échanges de toutes sortes, c'est l'expression de la propriété, une espèce de *warant* qui nous rend les plus grands services et favorise par contre-coup le développement de la production.

Comme nous nous adressons à tous, dans la question que nous traitons, nous n'avons pas jugé hors de propos de nous livrer à ces dernières réflexions vieilles comme le monde, mais inconnues encore de beaucoup de personnes.

Les marchandises déposées dans les docks y séjournent plus ou moins longtemps, suivant que leur nature permet de les maintenir dans les ma-

gasins sans danger pour leur conservation pendant telle ou telle durée. — A des époques dé-
terminées, une vente publique s'opère au sein
même du dock pour ce qui concerne les marchandises *warantées*. Les produits sont adjugés
à l'acheteur le plus offrant, et la somme à laquelle ils ont été cédés est remise intégralement
au propriétaire qui les avait entreposés, ou au
porteur du *warant* si cette pièce a été endossée
au profit d'un tiers. Avant l'accomplissement de
la vente, il est clair que le producteur dont l'in-
tention serait de retirer sa marchandise, a la faculté de réaliser ce désir. Il restitue à cet effet le
warant ou sa valeur pour le cas où il aurait été
endossé, en paie, comme en toute situation, les
frais, et se libère des droits d'emmagasinage.

Nous n'entrerons pas ici dans les détails de ce
système. Nous avons fait connaître les rouages
principaux de la machine. Chacun peut facilement en compléter dans sa pensée le mécanisme,
susceptible d'ailleurs, comme toutes les inven-
tions humaines, de recevoir une foule de perfectionnements.

Les ventes publiques qui s'effectueront par les
soins de l'administration des docks, offriront à la
fois de grandes garanties à l'industrie et au commerce. Sous toutes les faces, les docks se présentent comme des institutions éminemment
utiles et réparatrices des torts de l'état de choses
actuel. Beaucoup de fabriques jouissent actuellement d'une réputation parfaitement méritée;
mais on sait qu'il est très possible que le hasard,

des circonstances accidentelles favorisent la re-
nommée des produits sortant d'une maison qui
ne fabrique pas mieux qu'une autre. Admettez
les docks en activité. Une vente est annoncée
pour tel jour. Une foule de commerçants se
trouvent réunis pour assister à l'opération. Les
produits sont examinés avec attention par les uns
et par les autres. Ils passent successivement sous
l'œil intéressé et pénétrant de l'acheteur. Les
comparaisons s'établissent, le concours d'un
grand nombre d'opinions éclaire sur la valeur
réelle des marchandises, et les achats se font d'a-
près une mercuriale où les produits de chacun
sont cotés ainsi que le veut la justice. Les répu-
tations usurpées perdent donc leurs chances
d'existence, au moins pour ce qui concerne les
hautes régions industrielles. On voit que nous
sommes en droit d'émettre cette opinion que les
docks seront, par l'effet des ventes publiques
auxquelles leurs administrations procèderont,
une garantie d'égale appréciation donnée aux
travaux de tous les industriels en général.

D'un autre côté, le commerce se livrera à des
achats auprès des docks avec une complète sécurité. Il ne craindra jamais une substitution frau-
duleuse de marchandises. Les produits exposés
et mis en vente dans les docks, comme ils le seraient dans le magasin du producteur même,
porteront avec eux le cachet inaltérable de leur
origine, et leurs qualités ne pourront être mé-
langées ou sophistiquées. — De plus, la mercuriale des docks basée sur d'énormes transactions

effectuées dans le même moment, sera un utile
guide pour la masse des acheteurs. Elle mettra
au grand jour la valeur marchande des produits,
et préviendra la conclusion de marchés préju-
diciables. Plus on pénètre dans cette question des
docks, plus on se convainct de l'influence justement et universellement pondératrice de l'institution. La dernière considération que nous venons d'exposer fait ressortir encore son caractère
sous ce rapport.

Nous n'avons pas encore parlé d'un avantage
particulier que doit procurer l'établissement des
docks, et qui n'est pas le moins sensible de tous.
Cet avantage, c'est la suppression des intermédiaires établis sur tous les points en nombre considérable pour faire passer la marchandise des
mains du producteur dans celles du consommateur. Les intermédiaires constituent aujourd'hui
une véritable armée, dont les honoraires
augmentent naturellement le prix des produits,
au grand désavantage du consommateur. Les
docks rendent les services des intermédiaires
inutiles, puisqu'ils en prennent la place. A l'é-
gard des dépenses, il n'y a pas de parallèle à
établir entre le mode des docks et les intermédiaires : l'un est le grain de sable et l'autre la
montagne. Un immense bénéfice résultera donc
pour la consommation de l'application du nouveau système.

Lorsqu'on détruit d'un seul coup une catégorie
entière de positions sociales, on doit posséder la
conviction sérieuse de l'utilité d'une aussi grave

mesure. On doit savoir si les intérêts qui se trouvent atteints appellent moins la considération publique que les intérêts qu'on favorise. Dans l'économie industrielle, il existe à ce sujet un moyen d'éclairer son sentiment qui ne semble pas devoir tromper. Il consiste à rapporter l'effet des deux systèmes, le nouveau et l'ancien, au grand mouvement de la production. Celui de ces deux systèmes dont l'emploi devra activer au plus haut degré la production, sera infailliblement le préférable, car il servira l'intérêt général. Or, nous avons vu que les docks étaient pour le développement mécanique de la production ce que les rayons vivifiants du soleil sont, dans une mesure moins modeste cependant, pour le travail secret de la végétation. — Pas plus que l'humanité ne devrait souffrir de rester à l'ombre pour le plaisir de quelqu'un qui n'aimerait que la nuit, les intérêts généraux d'une société ne peuvent s'accomoder d'une situation contraire à l'harmonie, pour laisser dans des conditions de prospérité quelques intérêts particuliers. Le corps des intermédiaires devra être licencié au même titre que l'a été celui des aubergistes sur les routes voisines des chemins de fer.

Du reste, l'effet réel des docks n'est pas inconnu. Ces établissements fonctionnent en Angleterre, en Hollande et aux Etats-Unis depuis longtemps. Partout ils ont puissamment contribué à l'augmentation de la richesse publique ; ils ont doublé le mouvement commercial, encouragé l'esprit d'association quant aux capitaux, et décuplé les ressources du crédit. Le commerçant, au lieu de posséder de vastes bureaux, de nombreux magasins à lui, un matériel et un personnel assez nombreux pour les manutentions de ses marchandises, peut suffire par lui-même avec un ou deux commis aux affaires de commerce les plus considérables. Son lieu de travail est un cabinet et son matériel un portefeuille.

Nous n'avons rien à innover. Nos voisins, plus hardis que nous, ont fait des écoles dont il nous reste tout simplement à profiter. — Les docks sont le complément naturel des voies de fer, des télégraphes électriques et de la navigation à vapeur. Nous n'en aurons pas été les fondateurs empressés, et peut-être y a-t-il plutôt là un heureux qu'un mauvais symptôme ; car les peuples dont le génie commercial est trop développé manquent ordinairement de grandeur morale.

Mais il ne faut pas non plus trop tarder à instituer dans l'ordre matériel les choses véritablement utiles : il est temps que nous songions à doter notre pays des établissements qui ont apporté une amélioration si sensible dans la position de fortune de plusieurs nations.

II

CRÉATION D'UN DOCK CENTRAL.—LIEU D'ÉTABLISSEMENT.

Avant de continuer l'exposition des considérations que nous présentons au sujet de la création des docks, nous devons rappeler ici un fait
que nous aurions pû constater plustôt. C'est que
la pensée sous l'influence de laquelle ces établissements se fondent maintenant en France avait
reçu un commencement d'exécution peu de temps
après la révolution de 1848.

Un décret du 21 mars 1848 a donné en effet
au gouvernement la faculté d'autoriser la création de magasins publics destinés à recevoir en
dépôt les marchandises dont on veut mobiliser la
valeur au moyen de *warrants* ou récépissés né-
gociables. A la suite de ce décret, des magasins
de la nature de ceux dont il s'agit furent ouverts.
Mais cette première institution était imparfaite ;
elle ne réunissait pas toutes les conditions qui
peuvent constituer un véritable établissement de
dock. Ce n'est que par l'effet du décret impérial
du 17 septembre 1852, qu'un dock dans le sens
exact et complet du mot put être institué à Paris.

Marseille à son tour va voir un de ces établissements fonctionner dans son sein. Un dernier décret inséré au *Moniteur* d'avant-hier apprend que ce port méditerranéen sera définitivement doté d'un dock.

Nous avons établi trois divisions dans la question que nous discutons. La première avait pour sujet l'utilité de la création des docks au point de vue du principe. On a vu quelles idées nous avons émises sous ce rapport. La seconde comprend l'examen des motifs qui peuvent déterminer l'établissement d'un immense dock central sur tel ou tel point de l'Europe, sur tel ou tel point de la France. Nous allons nous livrer à quelques réflexions à cet égard, en attendant que nous traitions la troisième division qui est relative à l'entreprise même des docks et à la question d'exploitation.

Quatre choses sont absolument nécessaires pour qu'un dock central soit efficacement créé. Il faut d'abord que le pays au milieu duquel il sera établi se trouve situé à peu près au *centre* des nations productives, entre lesquelles s'opèrent des échanges. Ensuite ce pays doit être sillonné de voies de communication rapides, de telle façon que les marchandises étrangères destinées à la réexportation pussent pour ainsi dire glisser dans toutes les directions avec la même promptitude et la même facilité, pour sortir immédiatement du territoire soit par les ports de mer, soit par les voies de fer, dès qu'une commande les appellerait hors des frontières. Troisième-

ment, il est utile que la nation choisie offre au
commerce les avantages d'un crédit considérable
et aisé. Cette situation favorable sera complète
si aux conditions précédentes on joint celle d'une
active, grande et intelligente production sous le
rapport agricole et industriel. N'oublions pas
de constater, en outre, qu'animé puissamment
par le souffle de la civilisation, le pays d'entrepôt général présenterait un caractère honorable-
ment distinctif qui doublerait la force de son
attrait et justifierait pleinement au moral la faveur dont il serait forcément l'objet au point
de vue physique ou géographique.

L'économie de temps dans l'industrie et le
commerce, entraîne l'économie d'argent au profit de la production à laquelle il faut tout rapporter, comme nous l'avons fait observer déjà.
Un pays situé à l'une ou l'autre des extrémités
de la sphère des nations productives, serait, cela
est évident, un intermédiaire international ruineux pour la généralité des pays; car le trajet
des marchandises, pour être très court en faveur
de ce pays éloigné du centre, serait fort long et
naturellement très coûteux pour les nations
situées dans les régions diamétralement opposées.
— La même raison d'économie exige que le pays
intermédiaire soit pourvu de voies de communication suffisantes et rapides. Le défaut de
prompts moyens de transport produirait les fâ-
cheux résultats qu'on signale aujourd'hui dans
les lieux où les chemins de fer et la navigation à vapeur n'ont pas encore paru ou

existent dans de faibles proportions. Les marchandises s'altèrent pendant la longue durée du trajet, ou bien encore la consommation ne peut souvent être servie à temps. Ces deux circonstances constituent une perte pour le pays créateur des produits en voie d'expédition, en même temps qu'elles empêchent la consommation du pays destinataire de satisfaire ses besoins ou ses goûts.

Le dock central ne saurait être institué sous un autre ciel que celui d'une nation où les ressources du crédit sont abondantes, parce que privé de la faculté de changer immédiatement son *warrant* contre des valeurs, cette pièce deviendrait un instrument impuissant, un avantage illusoire, entre les mains de certain industriel. Nous avons dit aussi qu'il était à désirer que le sol sur lequel sera élevé le dock international, présente le caractère d'un sol fécond, et que le génie de l'homme ait su, dans ces parages, faire briller la lumière universelle, mettre avec supériorité sous sa domination les matières brutes tirées du sein de la terre, et les convertir artistement en objets divers. N'est-il pas, en effet, avantageux pour la pléïade des nations de converger vers un centre d'où elles peuvent avoir toutes des produits à extraire ? Et l'art et l'idée ne gagneront-ils pas à venir passer de tous les points du monde au tamis d'une civilisation modèle ?

L'utilité de la création d'un dock central, international, ressort de la manière la plus complète des simples observations que nous venons d'exprimer. Quant au pays qui doit être appelé à faire fonctionner les rouages d'une aussi colossale institution, chacun l'a aperçu derrière la toile transparente de nos réflections ; ce pays c'est le nôtre. Il n'y a que la France qui puisse, par sa position géographique, l'importance de sa production naturelle, et l'admirable réseau de ses voies ferrées, navigables et électriques, servir convenablement le commerce du monde dans ses relations internationales, et être digne, sous le rapport de l'intelligence, de réunir des délégués de tous les peuples et de recevoir en dépôt leurs précieux travaux.

Jetons un coup-d'œil sur la vaste scène de la locomotion publique en France, au point de vue du transport des marchandises, et voyons quelles facilités elle offre à la réexportation.

La France a pour immense aboutissant, à l'Occident, l'Océan atlantique ; c'est déjà sur la partie de ses eaux qui mouille la terre de notre pays, que les navires américains viennent fixer le terme de leur voyage et s'apprêter à verser sur le continent les provenances destinées à l'Europe. C'est déjà sur les côtes occidentales de la France que s'opère entre l'ancien et le nouveau Monde la plus forte partie du trafic des deux grands continents. Les Américains et les Européens viennent conclure leurs marchés et se donner la main à Bordeaux, Nantes et le Havre. Ces trois ports importants nous mettent en relation directe avec les Etats-Unis, ce grand foyer de production et de consommation. Les marchandises déposées en France, une fois rendues sur le littoral qui regarde le couchant, peuvent être placées dans un vaisseau comme dans une espèce d'entrepôt mobile, et arriver en Amérique sans que le transport ait donné lieu à d'autres frais de manutention que ceux résultant d'un embarquement et d'un débarquement uniques.

Dunkerque nous fait pénétrer dans la mer du Nord qui mouille la partie orientale de l'Angleterre, le Danemarck, la Norwège et la Suède.

Au Midi, la France est baignée par la Méditerranée. La puissante Marseille, et Cette qui prend chaque jour du développement, abritent dans leurs ports des bâtiments qu'à un moment donné le vent du commerce pousse rapidement sur les côtes de l'Italie, de la Corse, de la Sardaigne, de la Sicile, de la Grèce, et jusqu'aux îles de l'Archipel, comme ces pays méditerranéens ont, de leur côté, la faculté de communiquer avec nous, sans solution de continuité, si l'on veut nous permettre cette expression.

Au nord-est, nous coudoyons la productive Allemagne, la Belgique et la Hollande, comme du côté opposé la Manche nous fait toucher à la riche Angleterre dont le voisinage est indispensable à une nation qui convoite le privilége de nouer par ses institutions particulières les relations commerciales de toute l'Europe.

Il nous reste encore à tenir compte de deux nations dont les forces productives ne sont pas dénuées d'importance. Nous voulons parler de l'Espagne et de la Suisse. Hé bien ! comme d'autres pays que nous avons cités, elles donnent pour ainsi parler le bras à la France.

Les nations productives, c'est un fait curieux à constater, sont presque équitablement groupées autour de la France et semblent la désigner, sous une influence même purement géographique, comme constituant le théâtre où doivent s'accomplir les évènements commerciaux d'un intérêt universel. Cherchez à placer la pointe d'un compas sur une partie de la carte de l'Europe productive et commerciale autre que la France, et la branche mobile de votre instrument décrira une circonférence qui n'embrassera pas d'une manière satisfaisante pour la justice, telle ou telle nation, suivant le centre choisi. En prenant la France pour point fixe, une seule partie de la circonférence paraît occuper un espace inutile. Le compas trace une courbe sur l'Océan, — voisin avec lequel nous n'entretenons guère que des relations d'humidité; mais cette apparente injustice du sort vis-à-vis des nations situées à l'est de notre pays, n'en est pas une réellement, car il faut faire la part de l'Amérique, et surtout considérer que les échanges énormes qui s'effectuent entre les Etats-Unis et l'Allemagne, doivent tendre, dans l'intérêt même de ce commerce spécial, à faire rapprocher la scène des transactions de l'Océan.

D'ailleurs, nous le répétons, la nation à laquelle il importe le plus d'offrir l'attrait de l'entrepôt en raison de l'abondance de sa production, c'est l'Angleterre. Dans les conditions actuelles, c'est déjà par la France que s'opère la majeure partie du commerce de l'Angleterre avec l'Europe centrale, la Suisse, l'Allemagne méridionale et une partie des Etats d'Italie. On comprend jusqu'à quel point l'établissement d'un dock international en France peut développer ce mouvement fécond pour le sol industriel sur lequel il se produira, en même temps qu'heureux pour le bien-être public en Europe.

Quant aux courants intérieurs dont la France dispose en faveur du transit, il en existe peu d'aussi rapides et d'aussi bien combinés dans leur ensemble.

Le chemin de fer de Paris à Marseille touche par ses deux extrémités opposées à l'Océan et à la Méditerranée. On sait qu'un chemin de fer de ceinture a été construit à Paris pour relier entre elles toutes les gares de la ville. Cette innovation merveilleuse, nous avons raison de la qualifier ainsi, fait en quelque sorte de chaque voie ferrée aboutissant à la capitale le prolongement direct de sa voisine de face, de gauche ou de droite, indistinctement. Un chemin devient la continuation de l'autre, et, par réciprocité, celui-ci prend, suivant les circonstances, le rôle de celui-là. On peut donc considérer le chemin de fer de Paris au Havre comme partie intégrante du chemin de Paris à Marseille et dire qu'ils forment tous deux une grande et unique artère, une sorte de canal qui mène, dans la pensée, l'eau de l'Océan à celle de la Méditerranée. Le Grand-Central, dont l'exécution se poursuit activement, servira au prompt transport des marchandises venant de l'Est et destinées aux navires de Bordeaux en partance pour l'Amérique. Le chemin de fer du Nord et celui de Strasbourg peuvent jeter, dans l'intervalle de quelques respirations de locomotive, toute espèce de produits sur le sol de la Belgique et de l'Allemagne. La grande ligne des Pyrénées et le chemin franco-suisse complèteront admirablement nos moyens d'écoulement quant au transport par voie de fer.

Nos voies fluviales, de leur côté, présentent des facilités. Au Nord coule le Rhin. et au Midi le Rhône. L'Est et l'Ouest sont parcourus par la Loire et la Seine. Et, pour mettre en communication toutes les voies de premier ordre, il existe de nombreux canaux parfaitement entretenus.

Pour dire franchement notre façon de penser à l'égard des voies d'eau, nous ne comptons pas beaucoup sur les services qu'elles seront susceptibles de rendre dans l'avenir. Ce moyen de transport ne nous paraît pas répondre au sentiment d'une civilisation industrielle avancée. Avec les appareils de navigation actuels, les bateaux sont des espèces de tortues qu'on fait mouvoir à moins de frais, cela est vrai, qu'un wagon, mais qui rendent ce bénéfice illusoire, dans des proportions plus ou moins grandes, par suite de la lenteur de leur marche. La prompte arrivée à destination des marchandises hâte la réalisation des valeurs qu'elles représentent, et par conséquent a pour résultat d'entretenir une activité avantageuse, dans l'industrie et le commerce. —

La navigation à vapeur sur les canaux reste toujours, malgré toutes les découvertes annoncées jusqu'à ce jour, un problème non résolu. Trouvera-t-on sa solution? Nous ne savons. Quoiqu'il en soit, cette espèce de navigation offrirait certainement des dangers encore plus difficiles à prévenir que sur les fleuves, en raison du petit cadre où elle s'exercerait, et cette circonstance seule devrait suffire pour trancher la question en faveur de la multiplication des chemins de fer, desquels on a beaucoup moins à redouter, et qui reçoivent chaque jour des perfectionnements sensibles.

On le voit, toutes les places commerciales se touchent en France par les voies de communication de toute sorte, qui se croisent et s'enlacent sur son territoire. Aujourd'hui nos produits sont à Strasbourg, demain ils peuvent être au Havre, à Bordeaux, et, dans un délai quelque peu plus large, à Marseille. Mais nous ne sommes pas actuellement en possession de tous nos avantages, sous ce rapport. Le rail-way déposé sur le sol, depuis le Havre à Lyon, se developpera bientôt comme un ruban jusqu'à Marseille, jusqu'au bord de la mer. Le sifflet des locomotives n'a pas encore retenti sur le territoire de quelques cités commerciales importantes, à travers les montagnes qui nous séparent de la Suisse, près du Jura, et dans quelques-uns de nos grands ports d'expédition ou d'armement. Nantes, Larochelle, Saint-Mâlo et Cherbourg, par exemple, attendent encore, sous la forme d'un rail-way, la veine qui doit les mettre en rapport avec les viscères du commerce national et les faire participer à la vie générale.

Une fois notre réseau de voies de fer complété, et quand les fils électriques auront formé dans l'air, ce qui ne peut tarder, leur vaste dessin semblable à la toile de l'araignée, notre pays sera une espèce d'instrument mis au service du commerce pour réaliser sa pensée avec la promptitude de la pensée même. — A cet âge de la civilisation, les siècles sont devenus des ans, et les ans des jours. La vapeur, avec son impétuosité appliquée à la locomotion, n'a peut-être pas été tout-à-fait étrangère à la production de ce phénomène, et est appelée peut-être encore à doubler la rapidité du courant des idées.

Le dock international et les docks secondaires créés au sein de la France, viendront mettre le sceau aux avantages uniques dont elle peut faire jouir l'industrie européenne. Notre pays sera la plus puissante pierre d'aimant déposée sur le continent que nous habitons. Assurément, les marchandises y afflueront de tous les points, dès que les propriétaires étrangers sauront trouver chez nous des magasins où les produits pourront être entreposés en franchise de droits de douane, recevront les soins les plus sérieux d'hommes compétents, n'entraîneront que de justes et indispensables frais de loyer, et seront susceptibles de se traduire immédiatement par des valeurs en portefeuille, le crédit reposant en France sur des bases dont la solidité a été mise plusieurs fois à l'épreuve. Et le producteur ne sera-t-il pas en droit de compter, de plus, sur le facile écoulement de sa marchandise, en raison de la sécurité avec laquelle l'acheteur se présentera au dock, dans ce genre d'établissement où la propriété de chacun, gardée par des personnes qui, loin d'être intéressées à la sophistiquer, procéderont à un travail dont l'effet sera de rendre impossible même toute substitution?

Votre pensée revient malgré vous sur les bienfaits qui devront résulter d'un pareil système. Du même coup une foule d'intermédiaires ruineux pour la production et la consommation se trouvent supprimés, et le sac à procès que les intérêts de ces intermédiaires emplissaient de leur souffle fatal, éclate, ne laissant que des lambeaux. On verra alors beaucoup plus rarement qu'aujourd'hui se présenter à la barre du tribunal, des commerçants qui se poursuivront pour sophistication, mélange, détérioration, substitution ou défaut d'intégralité de marchandises. Les intermédiaires ou agents parasites du commerce actuel, dont le nombre s'est déjà modifié avec le nombre des entrepôts, sous la simple influence de l'établissement des chemins de fer, tourneront leurs forces vers la production. Leur travail, cela est important à remarquer, constituera un bénéfice net pour la société; car, vivant aujourd'hui sur le compte de la consommation exclusivement, l'industrie nouvelle qu'ils exerceront désormais donnera un véritable supplément de produits; — et ne le perdons pas de

vue, la production est la source de toute richesse.

Maintenant, si nous voulons regarder l'institution du dock central au point de vue de l'intérêt particulier de la France, nous reconnaîtrons
sans peine qu'il sera pour nous, par exemple,
comme une couche de terre végétale jetée sur un
terrain qui serait aride. Notre sol industriel,
Dieu merci! ne reste pas inproductif, mais il
peut être fécondé d'une manière tout-à-fait exceptionnelle et privilégiée par le transit incal-
culable qui sera dû à l'existence des docks.

Ce transit doit d'abord fournir un élément de
vie et de prospérité à notre industrie maritime,
qui, au dire des experts, est aujourd'hui sensiblement atrophiée. Les besoins nouveaux qu'il
créera vis-à-vis de lui-même en traversant le
territoire national, détermineront une infinité
d'entreprises ; il multipliera la clientèle commerciale ; il fera passer sous les yeux de l'industrie
française les produits demandés à l'étranger, et
dirigera nos exportateurs dans les opérations
qu'ils pourront entreprendre hors des frontières ;
puis enfin il laissera dans les mains de la population le bénéfice du transport des marchandises
et du travail occasionné par leur manutention.

Dans les conditions présentes, la somme des
marchandises à l'égard desquelles s'exercent en
France les opérations de transit, d'entrepôt et de
réexportation, est représentée par le chiffre
énorme de 838 millions, c'est-à-dire qu'elles
servent de base au tiers de tout notre commerce
général.

Constatons particulièrement que notre entrepôt central aurait une attraction suffisante pour faire venir à lui tous les produits du Levant qui, au lieu de passer concurremment par Gênes, Trieste et Marseille, pour gagner l'Allemagne et l'Angleterre, seraient uniquement débarqués à ce dernier port. Nous pouvons ajouter en outre qu'il favoriserait notre belle colonie de l'Algérie. On sait que le producteur africain éprouve encore quelque difficulté à se débarrasser, dans des délais convenables, de ses produits. Le dock central établi en France lui procurerait l'immense avantage d'en trouver l'écoulement sans déplacement, sans perte de temps et sans frais onéreux.

Véritablement, la situation qui est faite à la France dans cette circonstance est merveilleuse. Nous comprenons que les nations étrangères en soient jalouses. Un pays qui occuperait un échelon peu élevé de l'échelle de la civilisation, aurait même à rougir de cette bonne fortune. Heureusement la France, comme pays méritant, est au-dessus du privilége qui lui échoit. C'est elle qui dirige et éclaire les peuples dans leur marche vers le progrès ; et les hommes intelligents, à quelque pays qu'ils appartiennent, devront voir avec satisfaction pour l'Europe entière, la France devenir le Bazar général où seront offerts à la consommation du Monde les produits de son industrie.

Nous allons maintenant aborder la question spéciale du choix de la localité dans laquelle il sera le plus avantageux d'établir le dock central.

Les considérations qui ont dû nous guider dans

la recherche du pays susceptible de servir d'entrepôt à l'Europe, sont les mêmes qu'il faut in-
voquer pour distinguer le point local qu'on aura
à élire. Les conditions exigées de l'un doivent
être réunies par l'autre. Elles ne présentent de
différence que relativement à l'objet. Elles ont
un caractère semblable et une même portée.

La grande maxime par laquelle débute le
livre de l'économie industrielle, consiste à dire
que le temps gagné dans le placement et l'expédition des marchandises est un bénéfice sérieux
réalisé. C'est du reste, comme nous l'avons fait
observer dans notre premier chapitre, la pensée
inspiratrice de l'institution des docks. Il est
donc nécessaire que la ville sur le terrain de laquelle le dock central s'élèvera, constitue pour
le groupe des nations européennes un centre
équitable, et qu'elle soit située sur un point particulier de bifurcation des voies de fer et d'eau
même, puisque la navigation n'est point abandonnée, comme nous avions reconnu indispensable
pour la nation préférée un ensemble complet de
courants rapides, et une situation véritablement
centrale. Le but de ces exigences, nous le répétons, est d'éviter aux producteurs de telles ou
telles régions extrêmes des frais de transport de
marchandise et un retard dans l'arrivée, que
n'éprouveraient pas les producteurs établis sur un
point extrême également, mais opposé.

Nous nous servirons encore ici du compas,
instrument de la plus grande impartialité, et
nous en appliquerons une pointe sur la partie de
la carte d'Europe où se trouve figurée la France;

nous chercherons à découvrir l'une des positions qui peuvent être prises comme centre des nations productives, et le département de la Côte-d'Or s'offrira bientôt à nous avec la garantie que nous réclamons. Nous n'insisterons pas davantage sur ce fait. Tout le monde peut le vérifier en un instant. Voilà donc pour le côté géographique de la question.

Passons à l'examen des ressources que possède le chef-lieu de ce département, l'ancienne capitale de la Bourgogne, pour ce qui concerne particulièrement les voies de communication. Beaucoup de personnes ont déjà pu s'en convaincre, Dijon est la ville privilégiée sous ce rapport. Nous sommes en communication avec tous les voisins de la France, sans exception, au moyen d'artères où, au lieu de sang, circule avec la même rapidité la vapeur appliquée à la locomotion.

Le chemin de ceinture construit dans la capitale, nous l'avons constaté, soude le chemin de Dijon à Paris à celui du Havre. Une voie directe est donc ouverte devant nous pour l'Angleterre. —Le rail-way disposé de Dijon à Marseille, nous apporte sur les ailes de la pensée, si ce n'est pas trop entrer dans le domaine de la rèthorique, un rayon du soleil d'Afrique. — Le chemin de fer de Dijon à Besançon et Mulhouse nous fait pénétrer en peu d'heures dans l'intérieur de l'Allemagne et de la Suisse. — La voie ferrée de Dijon à Salins place la Suisse française à nos portes, à peu près comme une banlieue. — Le chemin de Dijon à Nancy par Gray établit un courant du milieu de la Côte-d'Or aux Pays-Bas.

La construction du grand central reliera Dijon à Bordeaux. Nous touchons déjà, grâce au chemin de ceinture, directement aux rivages de la Manche par la voie ferrée du Nord, aux rivages de la Méditerranée par celle de Lyon, et à la partie nord-ouest de l'Océan par celle du Havre. Le grand central nous donne, vers le centre même de l'Océan, un second port magnifique, sur lequel nous pourrons expédier des produits moyennant peu de frais de manutention.

Nous ne parlons pas des petites lignes qui forment et formeront les rameaux des grands arbres de la locomotion, à l'avantage de notre situation locale. Il est clair qu'où le tronc existe les branches poussent. Nous devons citer cependant d'une façon particulière le chemin de Nevers à Chagny, soit de Nevers à Dijon, qu'on exécutera très certainement, et dont l'effet sera de joindre le chemin de Lyon à la Loire, et de nous faciliter l'accès d'un troisième port sur l'Océan, celui de Nantes.

L'avenir de Dijon se présente sous les plus vives couleurs de la prospérité, et pour qu'on ne suppose pas que nous cherchons à donner à ces couleurs plus d'éclat qu'elles n'en méritent, nous croyons devoir nous étayer de l'opinion d'un homme compétent, dont la parole est beaucoup plus considérable que la nôtre. Nous allons laisser parler l'auteur du rapport présenté sur l'établissement d'une succursale de la Banque de France à Dijon, M. Lucy, ancien receveur général :

« A côté du chemin de fer de Paris à Lyon,

» traversant notre ville, d'autres lignes se prépa-
» rent : l'une, celle de Besançon, en voie d'exé-
» cution, reliant nos intérêts à l'Est, à la Suisse,
» à l'Allemagne et bientôt à l'Italie ; l'autre, en
» projet seulement, et devant rattacher Dijon à
» Nancy, c'est-à-dire, faire que Dijon devienne
» le passage obligé, parce qu'il sera le plus court,
» *de tout le commerce du nord et du midi, de-*
» *puis les villes anséatiques jusqu'à l'Egypte.*
» Ce tableau, qui, au premier coup d'œil, pour-
» rait sembler exagéré, vous apparaîtra dans sa
» vérité, messieurs, si vous voulez bien recon-
» naître qu'en économie commerciale, le pre-
» mier bénéfice à réaliser est de prendre avec
» discernement le plus court chemin d'un point
» à un autre. Ainsi donc, Dijon, dans un avenir
» prochain, va se trouver comme un *entrepôt*
» *naturel placé au centre de la France*, Dijon
» aura reconquis l'avantage qui lui manquait
» par l'absence d'un grand courant fluvial, Dijon
» marchera de pair avec ses devancières dont
» une position géographique plus heureuse avait
» favorisé les transactions commerciales. C'est
» donc une veine de prospérité qui s'ouvre large
» et féconde, mais à la condition que nous sau-
» rons accepter la fortune qui nous est faite. »

Le peu d'espoir que nous fondons sur l'existence des voies d'eau allait nous faire oublier de
constater un fait favorable encore, dans les conditions actuelles, à l'intérêt de la localité, relativement à la création proposée dans son sein d'un
dock central. Dijon est traversée par le canal de
Bourgogne. Les marchandises embarquées dans

notre ville peuvent arriver directement, grâce
a ce canal, dans les trois mers par le Rhône, le
Rhin, la Seine et la Loire.

Nous cherchons vainement une ville qui offre
au grand commerce une position aussi heureuse,
aussi complète dans ses divers genres d'avantages.
Nous n'en exceptons ni Paris ni Lyon. La capitale de la France, il faut le reconnaître, possède
des moyens de communication tout aussi nombreux et tout aussi faciles que les nôtres. Mais
elle a le grave tort de ne pas être située comme
l'est Dijon, a égale distance de la Méditerranée,
de la Manche et de l'Océan, à égale distance de
Marseille, du Havre, de Nantes et de Bordeaux,
au centre mathématique des nations productives.

Il faut remarquer une chose, c'est que si Paris
est le siége naturel des institutions de crédit exis-
tantes, c'est que ces institutions telles que la Banque de France, le Crédit foncier, le Crédit mobi-
lier, opèrent sur des valeurs en portefeuille ou sur
des titres. Les docks opérant au contraire sur
des marchandises, le siége naturel du dock central, international, aura évidemment sa place
marquée là où les marchandises devront subir le
moins de déplacements inutiles, trouver le moyen
le plus prompt et le plus *économique* de diverger
en tous sens, suivant la destination donnée par
l'achat.

Paris, choisi comme lieu d'entrepôt général,
serait une position dommageable pour tout le
Midi et le centre de la France, le Levant, l'Italie,

la Suisse, l'Autriche, la partie inférieure de l'Allemagne, l'Espagne, le Portugal, les Etats-Unis, et cela pour favoriser uniquement d'une manière sensible l'Angleterre dans ses rapports avec la Prusse, ainsi qu'avec les petits Etats intermédiaires, et réciproquement. Pour ne citer qu'un exemple, les marchandises débarquées à Marseille et qui devraient être dirigées sur Bordeaux, d'après l'acquisition faite au dock central, parcoureraient deux fois un énorme espace, tandis que les produits venant de Dunkerque et destinés à Bruxelles par suite d'une transaction effectuée également au dock, n'auraient à subir qu'un double mouvement de transport de très peu d'importance. Les charges cesseraient d'être les mêmes pour tout le monde, et les bénéfices aussi, comme conséquence naturelle.

Ce n'est point un semblable état qui doit résulter de la fondation du dock central. Le but de l'entreprise serait manqué dans ce qu'il a de plus sympathique, dans ce qu'il a de chrétien, si l'on veut admettre ici l'application de ce mot. La puissance de l'institution aurait perdu sa qualité d'équitable : l'égalité sacrée d'avantages ne s'ensuivrait pas pour tous les intérêts susceptibles de faire mouvoir les ressorts de l'établissement.

Paris, qui a su jusqu'ici conquérir un grand nombre de monopoles divers, nous disputera avec acharnement, il faut s'y attendre, celui que nous réclamons aujourd'hui en faveur de l'intérêt général d'abord, et par occasion ensuite en faveur de notre intérêt particulier. Mais nous

pourrons faire valoir contre nos rivaux un ar-
gument qui nous semble une arme terrible.
Nous établirons autour de l'Europe commerciale
une circonférence ; nous combinerons, comme
cela est indispensable, le point de centre de cette
circonférence avec le centre de la France, et
l'attention de l'examinateur s'arrêtera forcément
sur nos contrées à l'exclusion de Paris, comme
de Lyon, comme de toutes les autres cités commerciales d'un certain ordre que possède la nation.

Il y a quelques années, deux villes voisines,
moins importantes que la nôtre sous le rapport
de la population, nous primaient sous le rapport
du commerce. C'étaient Châlon et Gray. La
valeur qu'elles avaient acquise venait de l'existence du grand courant fluvial qui les tra-
versait. L'établissement du chemin de fer de
Paris à Lyon, en changeant le mode et l'ensemble des communications, a modifié radicalement
la position de ces deux localités au bénéfice de
Dijon. Depuis cinq ou six ans, le commerce a
pris une extension considérable dans le chef-
lieu de la Côte-d'Or, et un fait qu'on peut considérer comme un symptôme significatif de l'ex-
cellence de notre situation locale, s'y est produit :
de fortes maisons de commerce de la Bourgogne
ont abandonné le lieu où elles étaient établies
pour venir se fixer parmi nous.

Le flair du commerçant, pour parler un lan-
gage expressif, a déjà reconnu la valeur des conditions dans lesquelles se trouve placée mainte-

nant la ville de Dijon. Relativement à la question du dock, le réseau des voies de fer dont elle tient le premier fil, rend sa position unique dans l'étendue qui peut être donnée au point de centre de la circonférence européenne; comme sa situation géographique à l'égard de la France et des autres nations, jointe à ses moyens exceptionnels de communication, doivent la faire préférer à toute autre capitale de nos anciennes provinces.

Le premier doute qu'on voit se manifester dans les esprits dijonnais lorsqu'on leur fait part de la possibilité d'établir un dock considérable à Dijon, repose sur le faible degré auquel ait pu atteindre jusqu'à ce jour dans cette ville le développement de la vie industrielle et commerciale. Ce doute mériterait d'être pris en considération, si Dijon ne jouissait pas aujourd'hui d'autres ressources qu'il y a dix ou vingt ans.

L'industrie s'insinue au sein d'une cité suivant que cette cité offre au producteur plus ou moins de facilités pour l'expédition de ses marchandises. Avant la création du chemin de fer de Lyon, aucun industriel ou commerçant ne pouvait avoir intérêt à venir fixer sa tente sur le sol de notre localité. Les voies d'eau étaient à cette époque toutes puissantes dans l'est de la France. Elles présentaient l'importance qui est maintenant l'apanage de nos chemins de fer. Dijon ne possédait d'autre voie navigable que le canal de Bourgogne, qui était à une rivière véritable ce qu'un chemin vicinal est à une grande route. Elle man-

quait d'attrait suffisant pour devenir une place
sérieuse. Depuis ce temps, les choses ont complétement changé de face. Toutes les villes commerciales espacées sur le littoral de la Saône,
notamment, se sont dépouillées de leur valeur à
notre profit, et quand bien même un dock central ne devrait pas s'élever dans notre ville, il est
positif qu'avant dix ans le terrain où croît à nos
portes le blé ou la vigne, contiendrait les fondations de nouvelles usines et de bâtiments d'habi-
tation nécessités par l'arrivée d'un grand nombre
de commerçants. Cette opinion n'est pas la nôtre
seulement; c'est celle de la généralité du commerce local et étranger.

Mais que Dijon soit ou ne soit pas une cité
commerciale, qu'elle doive ou non acquérir de
l'importance sous ce rapport, cela ne peut in-
fluer en aucune façon sur la question de l'institution d'un dock central dans la localité. Il importe simplement de savoir si le commerce de
la France et de l'Europe occidentale peut trouver de l'avantage à déposer ou à venir acheter
ses marchandises à Dijon, en considération de
la position centrale de cette ville, de la facilité,
de l'enchaînement et de l'économie de ses communications. Nous avons établi, nous pensons,
de la manière la plus péremptoire, en nous
appuyant sur la pensée d'autrui, sur des idées
et des faits, que la position de notre localité
pouvait seule satisfaire le commerce français
et européen dans toutes ses exigences. L'objection tombe donc d'elle-même, et le point que

nous avions introduit dans la discussion demeure éclairci.

Nous ferions une réponse analogue à ceux qui supposeraient que le dock serait plus utilement créé dans une ville formant tête de ligne, c'est-à-dire étant le point de départ ou d'arrivée d'une grande voie de communication. S'il s'agissait d'un entrepôt pur et simple, dans le genre de ceux qui servent ou plutôt ruinent aujourd'hui le commerce aux dépens de la consommation, l'observation serait juste ; mais comme il est question d'un établissement destiné à recevoir des marchandises susceptibles de se rendre dans les régions les plus opposées et qu'on aura la faculté de mobiliser, de faire passer sans frais en mille mains, au moyen du *warant*, le choix d'un point de centre rigoureux devient d'une impérieuse nécessité.

Si Dijon réunit providentiellement ces deux conditions merveilleuses : premièrement, de se trouver située au centre de l'Europe occidentale combiné avec le centre de la France, et secondement d'être la clé du réseau des chemins de fer de l'Est, grâce à l'angle unique que décrit tout exprès pour elle le raill-way de Paris à Lyon, elle possède encore un avantage remarquable que lui a donné le hasard ou ce qu'on est convenu d'appeler le hasard. Elle se trouve placée presque à égale distance entre Paris, Rouen, Lyon et Mulhouse, ces quatre grandes villes manufacturières de notre riche pays.

Plus on envisage notre situation locale, plus

on est surpris des proportions gigantesques de
son caractère heureux. Nous dormions presque
tous sur une pierre qui cachait un trésor. Aujourd'hui qu'il n'y a plus de doute à concevoir
sur l'avenir de notre cité, — qu'on le croie plus
ou moins brillant, — nous serions coupables en-
vers nous-mêmes, si nous ne nous mettions à
l'œuvre, relativement à la part d'action qui nous
est dévolue, pour favoriser la réalisation de cet
avenir et l'empêcher de se développer ailleurs
que dans son siége naturel. Lorsque les intérêts
généraux se trouvent liés aux intérêts locaux ;
lorsque surtout l'innovation à accomplir doit
avoir un bon résultat au point de vue social, ce
n'est pas seulement le concours de l'habitant qui
doit se manifester, c'est encore celui de l'homme,
absolument parlant.

Nous avons vu avec un vif contentement la
municipalité, le tribunal et la chambre de commerce de Dijon exprimer le désir qu'un dock fût
fondé dans cette ville. Nous devons nous applau-
dir également de l'activité, toute intéressée
qu'elle soit, déployée en ce moment par les propriétaires des terrains de la plaine des Chartreux,
voisine de la gare et du canal, pour obtenir un
avis favorable au choix de leur terrain particulier et même l'autorisation de former des compagnies pour la construction et l'exploitation d'un
dock.

L'opinion publique est toujours un puissant
auxiliaire, et la participation qu'elle semblera apporter dans la marche de la question, pourra hâ-

ter sa solution, ainsi que cela est désirable. Le reste sera l'affaire des zélés magistrats aux mains desquels sont confiés les intérêts de la ville. Secondés par les hommes vraiment compétents dont ils sauront s'entourer, ils auront spécialement à examiner les divers projets qu'on leur présentera, et à réclamer en faveur de la cité, telle ou telle condition qu'il serait convenable d'exiger sans nuire à l'intérêt général, qui, d'ailleurs, dans cette circonstance, ne pourra être que l'intérêt de la ville.

Le dock de Dijon sera évidemment, comme nous n'avons pas cessé de le dire, un dock international. Le lieu où il sera établi lui donnera forcément cette importance. Mais, on le sait, plus un édifice est considérable, plus les fondations doivent présenter de garanties de solidité. Le gouvernement jugera donc peut-être utile de doter le dock dijonnais de priviléges exceptionnels, notamment en ce qui concerne le paiement des droits de douane.

Nous ne craignons pas de le constater encore au point où nous en sommes arrivés dans le développement de notre sujet, les acheteurs de tous pays abonderont à notre dock, en raison de sa position centrale. Au lieu de parcourir la France et l'Europe en tous sens, de passer des mois entiers avant de pouvoir compléter leur approvisionnement en objets de diverses origines et de différentes natures, ils se rendront simplement, chacun parcourant une distance relativement égale, à l'entrepôt général de Dijon, où ils trou-

veront réunis en immenses collections les pro—
duits de toutes les nations.

Il existe un proverbe qui dit : *De la vertu,
pas trop n'en faut*. Cette maxime nous parait
assez singulière, et nous dirions avec plus de
plaisir : *De la centralisation, pas trop n'en faut*.
Si cependant nous semblons plaider la cause de
la centralisation en sollicitant la création d'un
dock CENTRAL à Dijon, c'est que nous ne sommes
ni de ceux qui veulent la centralisation d'une
manière absolue, ni de ceux qui la repoussent
complètement. La vérité réside souvent entre les
opinions extrêmes, et nous croyons que c'est ici
le cas de le supposer sagement.

Selon nous, la centralisation rigoureuse doit
être invoquée lorsque des intérêts communs sont
en jeu. C'est la centralisation politique qui a fait
de la France une grande nation. Elle a capsulé
l'idée d'un peuple dans l'esprit d'un gouverne—
ment, de façon qu'en parlant à ce gouvernement
on sait parler à un peuple entier, imposant
dans son union ; de même que l'acheteur fran—
çais, belge, anglais, italien ou grec, en entrant
dans le dock international, devra avoir l'avan—
tage (et cela en est un) de mettre le pied,
pour ainsi dire, sur le sol de toutes les nations et
de se rendre, sans plus de dérangement, un
compte exact de ce qu'il peut espérer de l'une
ou de l'autre. L'intérêt est commun entre tous
les peuples ; la centralisation, dans ce cas, ne
peut exercer qu'une influence bienfaisante.

De ce système à une centralisation qui fe—

rait d'un peuple un pantin qu'une seule main mettrait en mouvement à son gré au moyen d'une ficelle, il y a loin. La question des intermédiaires supprimés est aussi une question de centralisation. Hé bien! chacun comprend que les petits détaillants, issus de la décentralisation, sont des intermédiaires dont on ne fermerait la boutique qu'au préjudice même de la consommation. L'épicier prélève son bénéfice sur la marchandise qu'il vous livre et qu'il n'a ni récoltée ni fabriquée, cela est vrai; mais il vous facilite l'achat en se tenant dans votre quartier, dans votre rue, à vos portes. La centralisation et la décentralisation sont chacune d'excellentes choses : le tout est de savoir en faire une juste application.

Notre dock central sera pour tout le commerce de l'Europe occidentale comme un soleil répandant ses rayons vivifiants avec une parfaite justice. Il possédera naturellement pour satellites d'autres docks secondaires établis dans des proportions que les gouvernements auront à définir, et qui surtout devront puissamment seconder l'effet du dock principal sur les points extrêmes où cet établissement ne pourra pas exercer son action d'une manière aussi complète en raison de son éloignement.

Ainsi terminerons-nous l'exposé de nos considérations sur l'utilité des docks et la position avantageuse de la ville de Dijon pour recevoir l'établissement d'un dock central. Le gouvernement ne se décidera peut-être pas, pour ménager

d'abord les intérêts parisiens, à nous doter immédiatement d'une aussi grande institution. Mais
l'importance de notre production agricole donne
au département de la Côte-d'Or le droit de réclamer un des premiers la création à son chef-
lieu d'un dock ordinaire.

L'existence de ce simple établissement déter-
minera la fondation, depuis deux ans réclamée,
d'une succursale de la Banque de France à Dijon.
Notre dock prendra promptement, cela est certain, le caractère d'un dock central, et aura
pour effet direct sur la localité de doubler, selon
toute apparence, notre population dans l'intervalle de quelques années. En Angleterre, toutes
les villes au milieu desquelles un dock a été
créé ont vu le nombre de leurs habitants croître
dans des proportions étonnantes. Ainsi Liverpool
qui, en 1710, peu de temps après l'établissement
de son dock, comptait 6,000 habitants, en ren-
ferme aujourd'hui 550,000. Ce chiffre en dit
plus que bien des réflexions.

III.

CONDITIONS DE L'ENTREPRISE.

Nous entrons maintenant dans la troisième division de notre sujet. Après avoir énuméré les causes qui évidemment devront porter le transit européen à se centraliser en France et particulièrement sur notre territoire local, nous devons examiner la question du dock central au point de vue du capitaliste, c'est-à-dire sous l'aspect spécial qu'elle offre comme question d'entreprise industrielle.

Les travaux auxquels se sont livrés à cet égard des hommes compétents nous permettent de considérer l'avenir d'une pareille exploitation comme éminemment brillant. Les meilleures chances de bénéfices sont assurées, et pour le démontrer, nous ne saurions mieux faire que de copier textuellement l'une des parties du mémoire consciencieux déposé par M. Perronne entre les mains de la commission des docks à Dijon. Ce mémoire, qui nous a été communiqué et que nous avons lu avec un vif intérêt, contient de curieux détails sur les docks d'Angleterre dont

le succès a été si prodigieux, des indications pré-
cises sur la valeur des marchandises, sur le
commerce local, la production du département
de la Côte-d'Or, des recherches sur les droits de
perception, le développement et le prix des
constructions, le stock constant des marchandises en dépôt, etc., etc. C'est sur ces divers renseignements coordonnés ainsi qu'il convient, que
M. Perronne a établi ses calculs.

Avant de commencer la reproduction du travail dont nous parlons, nous ferons remarquer
que tous les chiffres cités et relatifs soit à l'importance du capital social, soit au taux de l'intérêt
de l'argent, soit au développement des constructions, soit enfin au stock des marchandises, ont
été pris comme point de départ indispensable.
L'auteur n'a nullement entendu limiter par ces
données les dispositions fondamentales sur lesquelles devra s'asseoir l'entreprise. La compagnie d'exploitation saura, par la teneur de ses
statuts et par *le choix de l'emplacement*, se ménager la possibilité de donner à son capital,
comme à ses constructions, tout le développement que l'importance progressive de l'entrepôt
pourra rendre nécessaire.

Voici ce que nous trouvons dans le mémoire
de M. Perronne :

Docks d'Angleterre.

« D'après divers renseignements recueillis sur
les docks, nous trouvons qu'à Londres, les trois
docks des Indes occidentales, de Londres et de

Ste-Catherine, ont en magasins, hangars, etc.
(sans comprendre les bassins à flots pour navires)
une superficie de 924,664 mètres carrés, pouvant contenir 404,574 tonnes de marchandises,
ce qui fait une moyenne de 2^m 28 carrés de magasins par tonne.

Valeur des Marchandises.

»Sur les tableaux du commerce extérieur pu-
bliés par l'administration des douanes, nous trouvons que dans les entrepôts de Paris, de 1840 à
1848, il est entré 348,000 tonnes de marchandises ayant une valeur de 315,000,000 de francs,
ce qui donne à la tonne une valeur moyenne de
905 fr.

Commerce local et productions du département.

»D'après le rapport de M. Lucy sur la succursale de la Banque de France, le commerce actuel
de la ville de Dijon s'élève annuellement à la
somme de 62,000,000 de fr., qui, à 905 fr. par
tonne, représente environ   70,000 t.

Les produits agricoles et industriels
du département de la Côte-d'Or ont
une valeur de 162,046,592 fr., ce
qui représente   179,000 t.

Le mouvement de la gare du chemin de fer est de   108,000 t.

Celui du port, de   220,000

Celui du roulage, de   72,000
____

Total pour les 3 voies, 400,000 t. ci 400,000 t.

Droits de Perception.

» D'un autre côté, si l'on consulte les entrepôts de Paris pour connaître les droits de perception auxquels sont soumises les marchandises, leurs tarifs nous apprennent :

Que les prix moyens de magasinage, par tonne et par mois, sont de 1 fr. 80 c., soit, pour 12 mois, — 21 f. 60 c.

Que les frais de manutentions, (entrée et sortie) sont de 2 fr. 55 c., soit pour l'année, en supposant un renouvellement trimestriel, — 10 10

Que les droits de transfert avec pesage, qui sont les mêmes que ceux de manutention, et que nous supposons applicables une fois seulement sur la quantité de marchandises formant le stock moyen, seraient de — 2 50

Que les droits de transfert sans pesage, que nous prenons sur la même quantité, seraient de — 1 »

Que les frais de manutentions dites extraordinaires, pour tout nouveau pesage, tarage de marchandises, qui serait réclamé par le propriétaire ainsi que pour le débarquement et l'embarquement des bateaux, que nous supposons sur une quantité moitié moindre, seraient de — 0 30

Et, en dernier lieu, que les diffé-

A reporter. . . . 55 f. 50 c.

Report. . . . 55 f. 50 c.

rents droits de bureau, tels que décla-
rations en douane, acquittement des
droits, bulletins d'entrée, de sortie,
de transfert, de pesage, seraient de   0   50

Total des droits de perception par
    tonne,   56 f. 00 c.

Aux trois docks de Londres déjà cités, les
droits de perception sont en moyenne, par tonne,
de   58 f. 48 c.

Les frais, de   54   01

Le bénéfice, de   24 f. 47 c.

On en conclut que les frais absorbent les 58 centièmes des recettes, et que les bénéfices sont des
42 centièmes. Si on suppose que les tarifs de
Paris soient appliqués à Dijon, on aurait :

    Frais,   20 f. 88 c.

    Bénéfices,   15   12

Total égal aux droits de perception,
    par tonne,   56 f. 00 c.

Développement et prix des Constructions.

» Les plans dressés à l'appui de ce mémoire
comprennent des constructions assez vastes pour
contenir :

    10,000 tonnes de marchandises dans des ma-
        gasins couverts,

et 10,000   —   sur des chantiers à ciel ouvert.

    20,000 ensemble. — Au milieu, serait le
bassin creusé pour contenir 12 à 15 bateaux,

ayant une superficie d'environ 4,800 mètres carrés.

Chaque tonne de marchandises exigeant $2^m 28$ carrés, il faudrait une superficie de 22,800 mètres carrés couverts, ce qui serait obtenu par des bâtiments à trois étages sur voûtes et les caves, ce qui ferait quatre parties et sur une superficie de 5,000 mètres, soit $5,000 \times 4 =$ 20,000^m
et par une cour couverte, de   2,800

                Total,   22,800^m

On voit qu'il suffit d'un développement de 333 mètres de longueur sur 15 mètres de largeur, ou de 250 mètres de longueur sur 20 mètres de largeur.

Ces constructions peuvent être évaluées a 200 francs le mètre carré de terrain bâti : ci, $5,000 \times 200 =$ 1,000,000 f.

Chemin de fer de 50 mètres de longueur, viaduc, etc.,   100,000

Canal, bassin, écluse, canalisation de l'Ouche, ponts et passerelles, chemin de halage, etc.,   200,000

Machines de transbordement, ameublement, dépenses diverses,   200,000

           Total,   1,500,000 f.

Cette estimation est plutôt exagérée que trop faible. En effet, a Londres, les trois docks dont il est parlé ci-dessus, ont coûté 195,000,000 de francs, cela fait 477 francs par tonne de contenance. Ce prix appliqué aux 10,000 tonnes que

nous voulons mettre à couvert, donnerait
4,770,000 francs. Mais à Londres, les bassins à
flots sont capables de contenir 778 navires ; on
voit tout de suite que la comparaison est impossible et l'on sait que des bassins destinés aux navires qui vont à la mer coûtent immensément,
par comparaison à un petit bassin destiné à quelques bateaux de nos canaux intérieurs ; à Londres, les dépenses des bassins peuvent être dou-
bles ou triples du prix des autres constructions
et élever énormément le prix moyen par tonneau
de contenance ; à Dijon, il est de toute évidence
que ce sera le contraire et qu'on ne dépensera
pas le quart de ce qui a été dépensé à Londres
ou 119 francs par tonne de contenance soit pour
10,000 tonnes 1,190,000 francs.

D'ailleurs, le devis estimatif et détaillé pour
l'ensemble de toutes les constructions n'atteint
pas même cette dernière somme et donne pour
total général   1,027,769 fr.

Stock.

» L'évaluation la plus difficile reste à faire ;
c'est celle du stock ou du nombre de tonnes que
les docks auront constamment en dépôt.

Pour ne pas avoir de mécomptes, il convient
d'être très prudent. Ainsi : le commerce de Dijon
est annuellement représenté par 70,000 tonnes ;
supposons que le quart seulement viendra se
mettre en dépôt ; de plus, supposons que ce quart
ne reste aux docks que trois mois ou le quart
de l'année ; celà revient à supposer que le quart

du quart ou le seizième seulement est en dépôt toute l'année, ci $\frac{70,000}{16}$ t. = 4,375 t.

Les 400,000 tonnes formant le mouvement général des voies de communication peuvent être supposées comprendre les 70,000 tonnes du commerce de Dijon ; resterait 330,000 tonnes qui passent ; combien de temps ces 330,000 tonnes stationnent-elles à Dijon ? on l'ignore, mais il est certain que l'attraction des docks, par les avantages qu'ils offriront, en attirera une bonne partie, soit par exemple $\frac{1}{10}$; si ce dixième n'y stationne que trois mois, cela revient au même que si le quart du dixième, ou le quarantième du tout y stationnait toute l'année ; le dépôt constant dû à cet article serait donc $\frac{330,000}{40}$ = 8,250 t.

La valeur des produits agricoles et industriels du département a été estimée à 179,000 tonnes ; une partie de ces valeurs sera également attirée dans les docks ; supposons, non pas même le quarantième, comme ci-dessus, mais seulement la moitié ou le quatre-vingtième ; ce sera : $\frac{179,000}{80}$ = 2,237 t.

Total, 14,862 t.

Ces évaluations détaillées sont déjà bien faibles ; mais par prudence poussée aux dernières

limites, nous compterons seulement sur un stock
de   10,000 t.

Toutes les bases sont maintenant posées et l'on
peut établir le budget. »

BUDGET.

Recettes.

» 10,000 tonnes à 36 fr. l'une,
produiraient   560,000 f.

La valeur de ces 10,000 tonnes, à
905 fr. l'une, représenterait une
somme de 9,050,000 fr., sur laquelle
la compagnie pourrait avancer sans
aucun risque au moins les deux tiers,
soit environ 6,000,000 fr.

Ces avances produiraient, à 4 °/₀, 240,000
plus quatre commissions de renouvellement à 1/4, soit 1 °/₀,   60,000

Viendrait ensuite le droit de 1 °/₀
pour commission sur les ventes publiques ou particulières, supposées
devoir s'arrêter au chiffre minime
de 5,000,000 fr., soit   50,000

Les droits d'expédition à 2 fr. par
tonne ; sur 10,000 tonnes,   20,000

Les droits de bassin pour les bateaux,   *Mémoire.*
—————————
Total des recettes,   730,000 f.

Report. . . . 750,000 f.

Dépenses.

« Le montant des frais de construction étant de   1,500,000 f.

Le montant des avances, de   6,000,000

L'établissement aurait ————————
besoin de   7,500,000 f.

Au moyen de la Banque de France
ou d'une succursale, et par suite des
privilèges qui seraient attachés à l'établissement, il suffirait d'un capital de 4,500,000 fr. et d'un emprunt
de 3,000,000 fr. à la Banque, lequel
emprunt pourrait être le résultat de
la négociation de *warrants* endossés
par la compagnie des docks à l'ordre
de la Banque.

Le capital de 4,500,000 fr. pourrait être divisé en 22,500 actions de
200 fr.

L'intérêt de 4,500,000 fr. à payer
aux actionnaires, à 4 %, serait
de   180,000 f.

L'intérêt de 3,000,000 f.
à payer à la Banque de
France, à 3 %, serait de   90,000

L'amortissement du matériel de 1,500,000 f. pendant 50 ans, durée de la
société, serait de   30,000

Les frais généraux d'ex

A reporter. . . . 300,000 f. 750,000 f.

Report. . . . 300,000 f. 750,000 f.

ploitation (calculés de manière que le total des dépenses fasse les 58 cen-
tièmes des recettes brutes,
comme à Londres), se-
raient de   125,400

Total des dépenses —————
$(750,000 \times 0,58) =$ 423,400 ci 423,400

Reste pour bénéfices nets,   306,600 f.
à répartir comme il suit :

5 % pour gratifications,   15,330
5 % pour former un fonds
de réserves de 500,000 fr.,   15,330 } 306,600
90 % à distribuer aux ac-
tionnaires,   275,940

soit, sur 22,500 actions de 200 f., un dividende
de 13 fr. 62 c., ou de   6 81 %

Ce qui, avec l'intérêt primitif de   4 »» %

porte l'intérêt réel à   10 81 %

Il est infiniment probable que les frais généraux ne seront pas de 125,000 fr. comme cela
a été supposé, car cela ferait plus de 12 fr. par
tonne ; ils n'atteindront sans doute pas les deux
tiers de cette somme.

Mais, malgré le soin qui a été pris de dimi-
nuer les recettes au-dessous des probabilités, et
de porter les dépenses au-dessus, voyons ce qui
arriverait lors même que le stock ne serait que
de 5,000 tonnes, moitié de la base admise ; que
les droits de perception seraient réduits de 36 fr.
à 30 fr.; le montant des ventes également ré-

duit de moitié, et les droits d'expédition, ainsi que ceux de bassin complètement négligés, on aura :

Recettes.

» 5,000 tonnes à 30 fr.   150,000 f.

Avances de 3,000,000 sur une valeur de 4,525,000 fr. à 4 $_o/_o$,   120,000

Quatre commissions de renouvellement à 1/4, soit 1 $_o/_o$,   30,000

Commission de ventes sur 2,500,000 fr. à 1 %,   25,000

Total des recettes,   325,000 f.

Dépenses.

» L'établissement a besoin :

1° Pour constructions, de   1,500,000

2° Pour avances, de   3,000,000

Total égal au capital constitué,   4,500,000

Intérêts à 4 %,   180,000

Amortissement du matériel,   30,000

Frais généraux (calculés comme pour le premier tableau, déduction faite des droits d'expédition), soit 710,000 $\times$ 0,58 =   111,800

Total des dépenses,   321,800 ci 321,800

Reste pour bénéfices nets,   3,200 f.

» Ainsi, en supposant les conditions les plus désavantageuses, en admettant les mêmes frais généraux que dans le premier tableau, ce qui devient presque absurde puisque ce serait plus de 22 fr. par tonne, l'entreprise ne perd rien encore ; elle assurerait aux capitalistes l'intérêt de 4 % et un dividende qui, à la vérité, ne serait plus que de quelques centimes ; mais si on réfléchit que les frais généraux diminueront d'au moins moitié, que les droits d'expédition et de bassin ne sont pas compris dans les recettes, que rien ne force à la construction complète et immédiate de tous les bâtiments, et qu'on peut fort bien commencer à faire marcher l'entreprise avec la moitié seulement des constructions, on reconnaîtra que même avec 5000 tonnes il y aura dividende.

» Pour que l'entreprise pût présenter des chances de perte, il faudrait que pas un commerçant ne voulût profiter des avantages que lui offriront les docks et s'obstinât à garder dans ses magasins une valeur moyenne de 905 fr. pour éviter de payer des droits de 30 francs ; mais en voulant économiser ces 30 francs, il perd la mobilisation des 2/3 de ces 905 fr. ; soit 600 francs qui, en mouvement, ne lui rapporteraient certainement pas moins de 7 à 8 p. 0/0, c'est-à-dire de 42 à 48 fr., soit 45 fr. en moyenne. Ainsi, il consentirait volontairement à perdre 15 fr. de bénéfice ; cela n'est pas admissible. »

RÉSUMÉ.

Nous tenons la derniere page de la question. Après avoir émis des idées et des chiffres, nous allons terminer par un assez bref résumé.

Nous refuterons d'abord une opinion fausse que nous avons entendu manifester sur la nature des docks. On les a qualifié de *Monts-de-Piété*, avec la signification dédaigneuse qui peut s'attacher à cette dénomination. Les docks, sous une face, ressemblent en effet à un Mont-de-Piété, parce qu'ils constituent un dépôt de marchandises. Mais entre le caractère de ce dépôt et celui des institutions charitables qu'on prend comme terme de comparaison, il existe une différence énorme et très facile à saisir. Les Monts-de-Piété reçoivent des objets dont l'homme malheureux, dont le *consommateur* se dépouille. Ces objets que la partie déposante aspire toujours à reprendre, sont bien mobilisés comme dans le système des docks, puisque l'expression d'une partie de leur valeur a été remise à leur propriétaire ; mais cette mobilisation est un fait regrettable puisqu'elle entraîne la privation momentanée et peut entraîner la perte définitive d'une chose utile qu'on a abandonnée par contrainte seulement, et avec l'espoir de rentrer en sa possession.

Les Monts-de-Piété dénotent une misère sociale comme l'état d'application d'un remède révèle l'existence de la maladie. Or, nous l'avons dit tout en débutant, à notre premier chapitre, ce ne sont point des spécifiques sociaux, telle que l'association des individus dans leur vie privée, qu'il nous faut chercher à employer dans l'intérêt du progrès ; ce sont des moyens préventifs du mal. Nous avons déclaré qu'on ne devait pas se borner à passer sa vie à combattre les fièvres sur les malades, mais qu'il fallait tenter par-dessus tout de purifier l'air et d'en chasser les principes funestes qui engendent ces fléaux.

Les docks n'accomplissent-ils pas dans l'atmosphère commerciale cette œuvre de purification dont nous parlons ? Les relations que le producteur entretiendra avec ces sortes d'établissements portent-elles un cachet qui ne soit pas honorable ? Quelque chose enfin lutte-il contre l'harmonie des intérêts sociaux dans la forme de cette institution ? Toutes ces questions se résolvent dans l'esprit de nos lecteurs comme elles se résolvent dans le nôtre. Chacun se rappelle à la pensée que les marchandises introduites dans les docks sont destinées à la vente par ceux-là mêmes qui les y placent, et qu'au lieu d'être disséminées sur une grande étendue de territoire dans des entrepôts particuliers où leur conservation et leur intégralité sont souvent en danger, elles se trouvent réunies sur un point central et reçoivent tous les soins désirables. Les docks sont de nouveaux entrepôts qui prennent la place des anciens, en offrant au producteur des avantages dont il n'avait pas joui jusqu'ici, en lui permettant notamment d'entrer de suite en pos-

session de la valeur de ses marchandises. Pour-
quoi ne profiterait-il pas de ces avantages? Se-
rait-ce simplement pour faire voir qu'il peut s'en
passer? Il montrerait là , il faut en convenir,
une vanité très mal placée , et qui disparaîtrait
bien vite devant la nécessité de soutenir la con-
currence. Au reste, l'Angleterre est là qui nous
appuie avec des faits palpables.

Le même esprit a présidé à la création des
docks et à celle des chemins de fer. Les deux
institutions ont pour effet d'économiser le temps.
Quand un producteur confie ses marchandises
au transport du chemin de fer, personne ne
songe à soupçonner sa position embarrassée,
sous prétexte que le roulage ordinaire, en expé-
diant ses marchandises avec plus de lenteur,
n'aurait pu lui obtenir a temps le paiement de sa
livraison. Le secret de ses affaires ne sera donc
pas plus divulgué lorsqu'il s'adressera aux docks
que lorsqu'il s'adresse aujourd'hui au chemin de
fer. Ces deux institutions développent la production en raison de la rapidité des services qu'elles
rendent, et par conséquent détruisent les causes
de misère en augmentant la richesse publique,
et, ce qui est mieux, en la répartissant, comme
nous l'avons démontré dans notre premier chapitre. Finalement, nous ferons ressortir la différence existant entre les docks et les monts-de-
piété, en observant que les objets déposés dans
le premier de ces établissements sont toujours
destinés à la consommation, tandis que les objets
placés dans le second viennent de la consomma-

tion elle-même, et doivent revenir à leurs propriétaires regrettablement forcés de s'en priver
quelque temps.

Le lecteur a dû se trouver blessé dans le sentiment de la construction des mots de sa langue,
en rencontrant souvent dans nos articles les expressions de *dock*, *warant* et *stock*. Depuis quelque temps, les Français sont atteints d'une véritable anglomanie. A la suite de l'établissement
des chemins de fer en France, on a nationalisé,
contre toutes les règles du goût, de nombreux
mots empruntés à nos voisins et barbares dans
notre langue. Aujourd'hui, les docks paraissent
à l'horizon, et avec eux de nouvelles expressions
anglaises auxquelles on n'aurait jamais dû faire
traverser la Manche.

Malgré le peu de rapport qui existe entre cette
discussion de linguistique et le but que nous nous
sommes proposé en traitant la question des docks,
nous ne pouvons résister au désir de réclamer
auprès de ceux qui les emploient l'expulsion des
mots que les Français ont eu le tort de ramasser
sur les côtes d'Angleterre. Nous serions heureux
d'avoir pu donner, l'un des premiers, en cette
circonstance, le signal d'une croisade qui ne serait
vraiment pas moins sainte que celle dirigée par
Saint Louis. Les Anglais ont tiré le mot dock d'un
mot grec signifiant *réceptacle*. Qui nous empêche
de créer comme eux une expression en harmonie avec le génie de notre langue?

En rentrant dans les limites naturelles de notre
sujet, nous appellerons une dernière fois la sym-

pathie publique en faveur de l'institution des docks. Nous avons fait voir quelle serait la mesure immense de son action bienfaisante sur l'état matériel des diverses classes de la société. Faisons naître dans notre esprit une douce et consolatrice pensée en songeant au puissant secours qu'elle prêtera à la morale écrite et à l'influence de la philosophie des sages esprits qui vont puiser aux sources divines les principes de leur religion. L'institution des docks, en détruisant, dans l'étendue de son action, les causes de misère et d'ignorance, fera disparaître en même temps bien des causes d'immoralité, et rendra plus fructueux les efforts tentés par la société pour attirer dans la voie des vertus jusqu'au dernier de ses membres. Ce sera un nouveau pas de fait sur le terrain de la civilisation et des lumières, et ce pas sera d'autant plus grand que les docks, par leur organisation intérieure, le vaste système de machines qui y fonctionnent, doivent épargner à l'homme de pénibles travaux matériels, une manœuvre de bras toujours préjudiciable à la culture de son esprit.

Il y avait autrefois dans Rome, avant l'invention du moulin à eau, 40 à 50,000 esclaves occupés constamment dans les caves à un travail aussi accablant qu'abrutissant. Ils convertissaient le blé en farine au moyen de meules à bras. Ces esclaves, réduits à la condition de bêtes de somme, en avaient pour ainsi dire pris la nature, et semblaient presque ne pas appartenir à l'espèce humaine. Sous l'empereur Auguste, dans les pre-

miers temps de son règne, les choses étaient encore dans cet état. Tout à coup, des roues hy-
drauliques s'établissent. Les esclaves, délivrés
d'une besogne impossible, commencent à rede-
venir des hommes, et éclairés en même temps
par le flambeau du christianisme qui venait de
s'allumer, ils font mouvoir enfin le ressort de
leur intelligence et posent le premier jalon de la
nouvelle civilisation au souffle de laquelle les
nations modernes devaient éclore.

Les docks nous paraissent appeler à opérer,
dans le sens du progrès moral, une petite révolution comme l'invention du moulin à eau en a
produit une grande. L'arbre des principes mo-
raux a poussé de trop profondes racines dans le
terrain des sociétés chrétiennes pour qu'on puisse
croire encore l'orgueil humain capable d'élever
des tours de Babel, c'est-à-dire d'oublier, en pré-
sence de la grandeur de nos conquêtes scienti-
fiques et sous l'empire d'une ivresse insensée, les
liens qui nous rattachent au créateur, liens que
les sociétés anciennes n'ont brisés qu'au prix de
leur anéantissement. Le temps n'est plus où les
découvertes du génie humain pouvaient faire
dire : *L'homme est Roi*. La science ne nous donne
la lumière que pour nous prouver le peu d'étendue du rayon visuel de notre intelligence.

Nous saluerons donc avec enthousiasme, en
ce siècle, et sans arrière-pensée, le développement de l'institution des docks, partout où il se
produira.   L. MINOT.

QUESTION D'EMPLACEMENT.

On va voir maintenant les considérations qu'une personne qui s'intéresse à la question du dock dijonnais a cru devoir présenter sur le choix de l'emplacement destiné à recevoir les constructions de l'établissement dont il s'agit.

Dijon étant considérée comme la ville privilégiée destinée à posséder l'entrepôt général de la France et à devenir le principal marché de l'intérieur, il convient de se livrer à l'examen de l'emplacement qui paraîtra le plus convenable pour recevoir les constructions du dock en permettant de donner à celles-ci tout le développement que la prévision d'un si bel avenir pourra rendre nécessaire.

Le choix de cet emplacement est soumis à des conditions impérieuses. Il faut qu'il soit désigné en raison des rapports continuels qui doivent exister entre l'entrepôt général et les voies de circulation par terre et par eau. Il n'y a donc pas à hésiter un seul instant; c'est dans la plaine des Chartreux que nous devrons voir s'élever les vastes magasins de l'entrepôt et se creuser à leurs pieds le bassin du dock, puisque cette plaine est située entre la ville, le débarcadère et le canal de Bourgogne.

Cela établi, il ne nous reste plus qu'à déterminer le point particulier qui semble se recommander spécialement à l'attention des personnes chargées de donner leur avis sur la désignation de l'emplacement.

Pour cette seconde question, comme pour la précédente, il est évident que la préférence à accorder ne peut être motivée que par les facilités plus ou moins grandes du double raccordement du dock avec le chemin de fer et avec le canal, ainsi que par la manière plus ou moins avantageuse dont l'emplacement servira les intérêts de la ville soit par rapport à la circulation générale, soit par rapport à sa proximité avec les quartiers de la porte d'Ouche et de la porte de la Liberté.

Complètement désintéressé dans cette affaire, nous passerons successivement en revue les quatre projets actuellement soumis à l'examen de l'administration.

Notre but et notre devoir étant de chercher à éclairer l'opinion publique sur une question neuve qui se présente avec tous les caractères de la plus haute importance, les réflexions auxquelles nous pourrons nous livrer seront toutes marquées au coin de la plus grande impartialité; nous ne voulons pas quitter un seul instant le point de vue élevé d'intérêt général où nous nous sommes placé dès le principe pour abaisser la question au simple niveau d'une discussion d'intérêt particulier.

Etant pour tout le monde, nous ne pouvons être pour personne.

Cela dit, prenons les plans et comparons :

D'un côté, nous voyons le projet présenté par M. Léon Perronne sur les terrains appartenant à M. Camus-Rémond, au sud-est du Jardin-Botanique, touchant à la rue de l'Arquebuse et au chemin des Chartreux.

De l'autre, et à l'ouest du Jardin-Botanique, le groupe composé par les propriétés de MM. Lagier, Mennevalle et Beuchot, qui ont formé chacun une demande analogue à celle de M. Perronne.

Ainsi que la commission l'a déjà fait, et avec raison, par sa délibération du 10 septembre 1853, constatons dès à présent que ces quatre projets se réduisent à deux seulement, que réellement il n'y a que deux points à examiner, et qu'il s'agit uniquement de voir si le dock sera mieux placé à l'est qu'à l'ouest du Jardin botanique, et réciproquement.

Afin de dégager promptement la question de toute complication, commençons par réduire à l'unité le groupe composé des trois demandes citées en dernier lieu. Ce travail nous sera d'autant plus facile que M. Lagier, dans un Mémoire puissamment motivé qu'il vient de livrer à la publicité, a déjà fait ressortir l'avantage de sa position sur celle de M. Mennevalle et de M. Beuchot.

Aussi n'aurons-nous que quelques mots à dire à cet égard.

La propriété de M. Beuchot est située sur le bord du canal.

Sans chercher à enlever à celui-ci aucune des facilités qu'il offre actuellement à la circulation des marchandises, ou qu'il pourrait lui offrir plus tard par suite des améliorations de la navigation, on ne peut cependant méconnaître sous ce rapport l'immense supériorité de la voie de fer sur la voie d'eau, et alors n'est-ce pas le cas de dire avec M. Lagier : « M. Beuchot est pour ainsi dire hors de cause dans cette affaire, parce que son terrain est évidemment trop éloigné de la gare et de la ville. »

Voyons maintenant les positions respectives de M. Menevalle et de M. Lagier.

Une simple question suffira pour lever toute espèce d'incertitude. Pourrait-on, sans sacrifier de la manière la plus évidente l'intérêt général à l'intérêt privé, accorder la concession à M. Mennevalle plutôt qu'à M. Lagier ?

Non, parce que M. Mennevalle est plus éloigné de la ville et de la gare que M. Lagier.

Non , parce que le point indiqué pour le raccordement des terrains à l'ouest du Jardin botanique avec la gare des marchandises étant directement en face de la propriété de M. Lagier, c'est dans le prolongement de cette ligne que les magasins trouvent leur développement naturel , et non sur un terrain avec lequel on ne pourrait définitivement la raccorder qu'au moyen d'un plus grand nombre de plaques tournantes et de la construction d'une voie ferrée latérale à la route, toutes choses, qui en augmentant inutilement les dépenses de premier établissement, ne seraient compensées par aucun avantage. Ce serait plus mal et plus cher, voilà ce qui est évident.

Avant d'établir une comparaison entre les projets de M. Lagier et ceux de M. Perronne, rappelons brièvement ce qui a été fait :

La commission s'est déjà prononcée le 10 septembre 1853 pour l'emplacement à l'ouest du Jardin botanique, et voici ses considérants :

Considérant que le premier terrain situé à l'est du jardin des plantes (celui proposé par M. Perronne), aurait l'avantage d'être plus rapproché de la partie de la ville groupée autour de la porte d'Ouche ; que les docks établis sur ce terrain seraient également et comparativement à ceux qui pourraient être construits sur le second emplacement, plus rapprochés des quartiers desservis dès ce moment par la porte Guillaume et par la rue de la Prévôté ;

Considérant que les docks à établir à l'ouest du jardin des plantes se raccorderaient beaucoup plus facilement avec la gare des marchandises du chemin de Lyon, soit par voie de fer, soit par voie de terre ; qu'ils réserveraient plus complétement l'avenir par leur situation dans une plaine étendue, où plus tard tout un quartier commercial pourrait se développer suivant les plus larges proportions,

Par ces motifs :

Donne la préférence aux docks projetés sur les terrains situés à l'ouest du Jardin botanique. et compris entre la route impériale n° 5, le canal de Bourgogne, le Jardin dont il est question, et les Chartreux.

Ajoutons cependant qu'un des grands avantages du projet présenté par M. Perronne, c'est qu'il n'entrave nullement la liberté de circulation sur la route qui est franchie au moyen d'un viaduc, tandis que le projet de M. Lagier ne peut s'exécuter que par un passage à niveau sur la route impériale n° 5.

Ajoutons encore, que depuis le 10 septembre 1855, une heureuse modification s'est introduite dans le projet de M. Perronne sous le rapport du raccordement avec la gare, modification qui fait disparaître le principal motif du deuxième considérant et qui constitue pour l'emplacement qu'il propose une supériorité marquée sur celui de M. Lagier.

En effet, dans le projet primitif de M. Perronne, le raccordement avec la gare des marchandises s'effectuait en passant par la gare des voyageurs. — Cet inconvénient était assez grave pour déterminer la commission à lui préférer celui qui résulterait d'un passage à niveau sur la route en face de la propriété de M. Lagier; — mais maintenant il n'existe plus, et le passage à niveau que M. Lagier ne peut éviter, se tourne tout entier contre lui avec tous ses inconvénients déjà prévus. avec ceux qui peuvent naître ultérieurement, et qui seront d'autant plus grands, que les docks de Dijon auront une plus grande

importance. Ce point se défend assez par lui-
même pour que nous ayons besoin de nous
y arrêter davantage. Ce n'est donc pas le cas en
prévision du brillant avenir qui paraît être ré-
servé aux docks de créer en les établissant un
inconvénient qu'il est si facile d'éviter. Les avantages qui ne se trouvaient précédemment que
dans les deux projets, sont maintenant, il nous
semble, réunis dans un seul, dans celui de M.
Perronne :

1° Rapprochement de la partie de la ville groupée autour de la porte d'Ouche ;

2° Rapprochement des quartiers desservis par
la porte Guillaume et par la rue de la Prévôté ;

3° Facilité de raccordement avec la gare des
marchandises ;

4° Complète liberté de circulation sur la rue
de l'Arquebuse.

Par ces motifs, le projet de M. Perronne est
celui qui nous paraît servir de la manière la plus
avantageuse tous les intérêts généraux qui se
rattachent à la question de l'établissement des
docks à Dijon.

Il est peut-être bon de faire connaître la modification apportée au plan de M. Perronne :

Elle consiste, au lieu de passer par la
gare des voyageurs, à se servir de la ligne qui
existe déjà dans la gare des marchandises contre
le bord du talus qui la sépare de la route, puis
de la prolonger jusqu'au point de raccordement
primitivement indiqué, en passant le viaduc de
l'arquebuse au moyen d'un allongement qui serait donné à cet ouvrage d'art.

Au lieu de suivre la discussion sur le terrain
où elle est engagée, et de se borner à examiner
les raisons plus ou moins bonnes énoncées par
chacun des concurrents, si on se place à un
point de vue assez élevé pour faire disparaître

7

les limites qui séparent les diverses propriétés de
la plaine des Chartreux, et pour ne laisser aper-
cevoir que l'ensemble de tous les terrains compris entre le débarcadère et le canal, et qu'alors
on cherche l'emplacement qui se prêtera le
mieux à toutes les exigences, celui qui sera com-
mandé par la nature et la disposition des lieux,
on sera amené à reconnaître :

1° Que le point de raccordement le plus convenable devrait être pris à l'est de la gare des
marchandises ;

2° Que les wagons devraient traverser la route
de Paris sur un viaduc à établir en face du Jardin des plantes ;

3° Que les constructions se développeraient
alors en ligne droite exactement en face du *port
du canal* ;

4° Que le bassin des docks se souderait immédiatement au port même de Dijon par un petit
canal qui couperait l'angle occidental du jardin
de l'hôpital.

De toutes les combinaisons possibles, c'est
celle-là qui nous paraît la meilleure et la préférable, car elle réunit tous les avantages désirables sans présenter le moindre inconvénient.

En effet, le débarcadère du chemin de fer et le
port du canal sont pour ainsi dire joints l'un à
l'autre, puisque les docks sont placés sur l'espace
de terrain le plus resserré qui sépare actuellement ces deux centres du mouvement général
des marchandises ; ils sont unis par la ligne
droite ; les terrains sont le plus rapprochés de la
ville, tant du côté de la porte d'Ouche que du
côté de la porte de la Liberté ; le viaduc laisse la
circulation toujours libre sur la route de Paris.
De plus, ce projet réserve l'avenir de la manière
la plus complète, tant pour l'étendue à donner
aux constructions que pour les dispositions à

prendre ultérieurement, relativement au quartier à créer sur les terrains environnants.

Mais, pourra-t-on objecter, la réalisation de ce plan ne peut s'opérer que par le sacrifice du Jardin botanique. Ce n'est pas à nous qu'il appartient de répondre à l'objection ; dans l'intérêt général, il était de notre devoir d'émettre cette idée, et nous n'avons pu reculer devant la tâche qui nous était imposée, malgré le regret que, les premiers, nous éprouverions à voir le Jardin botanique se déplacer une seconde fois.

Nous laissons à qui de droit le soin de voir si, pour doter notre ville du plus puissant instrument de prospérité qui puisse s'offrir à elle, il sera convenable de se déterminer à assigner une autre position au Jardin des plantes, qui d'ailleurs, il ne faut pas le taire ici, reçoit depuis l'établissement du chemin de fer l'abondante poussière de la route de Paris, et cela d'une façon très préjudiciable aussi bien pour les plantes que pour les visiteurs.

———————

La question du raccordement avec le chemin de fer n'ayant pas encore été suffisamment étudiée, il nous paraît convenable d'entrer dans quelques développements à cet égard, et d'essayer de jeter un peu de lumière sur ce point qui, par suite de l'absence de débats contradictoires, n'a pas encore pu sortir de son obscurité.

Sans cela, l'opinion publique pourrait s'égarer, elle pourrait se laisser éblouir par l'éclat des phrases trop sonores pour ne pas être creuses, sous lesquelles M. Lagier cherche à abriter la faiblesse de sa proposition. Découvrons donc un peu le coin du voile, et voyons ce que cache cette toile transparente qui représente, nous dit—on, *l'idéal des facilités sous le rapport du raccordement* (1).

Il suffit, pour cela, de faire quelques pas dans la pratique de l'exploitation du dock.

Supposons donc le dock existant, non pas une espèce de dock en miniature (2) qui ne serait pas plus capable de nuire à la circulation par un passage à niveau que de causer des embarras dans la gare des marchandises, parce qu'il n'aurait journellement qu'un très petit nombre de wagons à faire passer d'un point sur l'autre, mais un dock véritablement important, tel qu'il convient à l'administration municipale et au gouvernement d'en doter notre ville, à cause de sa position exceptionnelle et privilégiée; un dock, en un mot, qui soit en relations suivies non-seulement avec toutes nos villes manufacturières, avec nos centres de production les plus considérables, avec les principaux pays de l'Europe, mais de plus qui reçoive des marchandises venant d'Asie, d'Afrique et d'Amérique, et l'on reconnaîtra bientôt la supériorité des terrains situés à l'est du Jardin-Botanique, eu égard aux facilités du raccordement.

M. Lagier se raccorde avec le chemin de fer par une voie d'*équerre* passant entre la halle aux blés et la halle aux vins, et là, il faut *absolument* une plaque tournante : tout convoi de marchandise doit être démonté, et les wagons doivent passer *un à un*, conduits à bras d'hommes, sur cette plaque formant la tête de communication. Il serait alors impossible de faire entrer dans le dock un convoi tel qu'il arriverait de Paris ou Lyon, tout en bloc, sans le démonter wagon par wagon. La même difficulté se rencontrerait pour

(1) Mémoire de M. Lagier, p. 15.
(2) Idem, page 18.

les convois qui seraient formés dans le dock en attendant le moment du départ : ils viendraient tous, comme les premiers, se rompre au même point pour se reformer après en trains réguliers ; mais, dans tous les cas, les uns et les autres, en opérant cette manœuvre, ne pourraient éviter d'occasionner dans la gare des marchandises un grand encombrement avec toutes ses conséquences fâcheuses, encombrement qui serait aussi nuisible à la bonne organisation du service de la compagnie du chemin de fer que de celui de la compagnie des docks.

Tel est le résultat regrettable et certain que l'on obtiendrait par suite de l'adoption de l'un ou de l'autre des trois projets opposés à celui de M. Péronne ; mais il n'en serait pas de même si, au contraire, on adoptait celui-ci, car il offre sur les premiers, *par suite du simple prolongement de quatre voies de la gare des marchandises*, l'avantage inapréciable de donner aux locomotives la facilité d'amener elles-mêmes de très forts convois sur la ligne de communication des docks, ligne qui servirait en même temps de voie de garage pour tous les vagons circulant entre les docks et le débarcadère.

Il est même très probable que cette ligne de communication ne devrait pas s'arrêter au point de raccordement, et que l'importance de l'entrepôt de Dijon serait telle qu'il en nécessiterait le prolongement jusqu'à l'extrémité de l'ancien clos Durupt et qu'il pourrait même rendre inévitable l'établissement d'une seconde ligne à côté de la première, de telle sorte que, pour la facilité du service, sur l'une seraient amenés tous les wagons arrivant en destination des docks, et sur l'autre tous ceux qui devraient en sortir.

Nous voyons du reste avec plaisir, qu'en cela nous sommes parfaitement d'accord avec MM. les propriétaires des terrains situés à l'ouest du Jardin botanique.

En effet, nous lisons dans le mémoire de M. Lagier, page 15 : « Puisque chaque wagon » de chaque convoi doit s'arrêter sur chacune » d'elles (les plaques tournantes), tant pour aller » que pour revenir, il est évident que ce système, » plein d'entraves et d'inconvénients, ne peut se » comparer avec la simplicité d'une communica- » tion en droite ligne.»

Puis dans celui de M. Menevalle, page 4 : « Le dock ne présentera au commerce tous les » avantages que celui-ci est en droit d'en atten- » dre, qu'autant qu'il sera placé de telle façon » que le matériel du chemin de fer pourra tou- » jours y arriver facilement sur des voies *en pro-* » *longement de celles de la gare.* »

Est-il besoin de remarquer, pour faire ressortir la force du raisonnement, que *le prolongement des voies de la gare* c'est le projet Perronne, tandis que MM. Lagier, Menevalle et Beuchot arrivent, au contraire, sur les voies de la gare par une *ligne en équerre?*

Disons encore, en ce qui concerne particulièrement le projet Beuchot, que cette ligne en équerre sur laquelle les wagons seráient poussés à bras aurait une longueur de 4 à 500 mètres, ce qui constitue à l'égard des autres projets une infériorité dont les causes sont trop bien développées dans le mémoire de M. Lagier pour qu'il soit besoin de les indiquer une seconde fois.

Dans le précédent article, nous avons fait connaître notre opinion sur l'emplacement qui nous paraissait le plus convenable, eu égard à l'ensemble de tous les terrains compris entre le débarcadère et le canal. En dehors des motifs particuliers que nous avons sommairement indiqués, et qui nous semblaient fortement militer en faveur de ce projet, il est peut-être bon de développer notre pensée relativement à la manière dont il réserve l'avenir, quelle que soit l'importance à laquelle puisse atteindre l'entrepôt de Dijon.

Les premières constructions partant du viaduc jeté sur la route peuvent s'étendre en tous sens au fur et à mesure des besoins en conservant toujours dans leur extension successive les dispositions les plus convenables à donner aux magasins, tant pour la facilité du service intérieur, que pour la bonne harmonie de l'ensemble sous le rapport de l'architecture.

En effet, le premier corps de bâtiments pourrait, depuis le viaduc, se prolonger jusqu'a la longueur voulue dans la direction de la rivière d'Ouche.

Le second, formant angle droit, suivrait la route de Paris soit jusqu'à l'extrémité du Jardin-Botanique, soit jusqu'a un point plus éloigné qui serait pris dans la propriété Lagier.

Le troisième, parallèle au premier, perpendiculaire au second, se relierait avec celui-ci à son extrémité occidentale.

Le quatrième enfin, parallèle au second, perpendiculaire aux deux autres, complèterait le quadrilatère.

Il est facile de voir que cette disposition, par suite de ses proportions primitives plus ou moins grandes, permettrait ou de prolonger les bâtiments dans la plaine des Chartreux, ou d'établir entre les quatre corps principaux d'autres bâtiments qui diviseraient la surface libre de l'intérieur en plusieurs parties, dont les unes resteraient suivant les besoins en cours couvertes ou en cours à ciel ouvert, et dont les autres se convertiraient en bassins pour recevoir les bateaux.

Un seul des autres projets réserve-t-il l'ave-

nir d'une manière aussi heureuse et aussi complète ? Nous ne le pensons pas.

Que sera-ce donc lorsque nous aurons fait voir
que ce plan permettrait par suite de l'extension
considérable de l'entrepôt et du mouvement
énorme de circulation entre la gare et les docks
qui en serait la conséquence, permettrait, disons-
nous, de prendre deux autres points de raccordement : celui du projet Perronne, et celui des
trois autres projets.

La seule inspection des lieux le démontre d'une
manière évidente.

Observons, en outre, que les voies de garage
à établir dans le clos Durupt, pour la facilité du
service, ne seraient pas la conséquence forcée du
choix de l'emplacement indiqué, et qu'elles seraient seulement créées à l'époque ou le besoin
s'en ferait sentir.

Résumons-nous donc et disons que cet emplacement est à l'égard de tous ceux qui peuvent lui
être comparés dans une position analogue à celle
de la ville de Dijon, comme siège de l'entrepôt
général à l'égard de toutes les autres villes de
l'empire entre lesquelles des parallèles ont été
établis.

DIJON, IMPR. DE Mme NOELLAT.